从来没有一只郁闷的狗

【法】卢梭 著

张云涛 编译

中国文联出版社

图书在版编目（CIP）数据

从来没有一只郁闷的狗 /（法）卢梭著；张云涛编译. -- 北京：中国文联出版社，2022.3

（彩虹哲学 / 苏德超主编）

ISBN 978-7-5190-4770-2

Ⅰ.①从… Ⅱ.①卢… ②张… Ⅲ.①卢梭（Rousseau, Jean Jacques 1712-1778）—哲学思想—通俗读物 ②幸福—通俗读物 Ⅳ.① B565.26-49 ② B82-49

中国版本图书馆 CIP 数据核字 (2021) 第 258608 号

从来没有一只郁闷的狗

原　　著：【法国】卢　梭
主　　编：苏德超
编　　译：张云涛
责任编辑：张超琪　黄雪彬
特约编辑：李晨昊　张维祥
责任校对：胡世勋
装帧设计：有识文化

出版发行：中国文联出版社有限公司
社　　址：北京市朝阳区农展馆南里 10 号　　邮编：100125
网　　址：http://www.clapnet.cn
电　　话：010-85923091（总编室）　　010-85923058（编辑部）
　　　　　010-85923025（发行部）
经　　销：全国新华书店等
印　　刷：湖北恒泰印务有限公司
开　　本：787 毫米 × 1092 毫米　1/32
印　　张：8
版　　次：2022 年 3 月第 1 版
　　　　　2022 年 3 月第 1 次印刷
书　　号：ISBN 978-7-5190-4770-2
定　　价：46.00 元

版权所有　侵权必究
如有印装质量问题，请与本社发行部联系调换

丛书序：幸福、快乐与生命的满足

"你幸福吗？"

这有点不好回答。我们更愿意回答的问题是："你快乐吗？"后一个问题直截了当。幸福是一个更私人的话题，不能随随便便就讲出来。但快乐不同，快乐可以写在脸上，渗在声音里。趋乐避苦是人的本性。尤其是当下的快乐，对所有人都具有强大的吸引力。它好像是一个终点，我们愿意停在那里。美味的食物、动听的音乐、曲折的故事、刺激的游戏……这些东西让我们沉醉。就算过去了，我们还津津乐道。

但是，快乐并不是终点，而只是人生旅途的一座座小站。几乎没有人一直沉迷在快乐中。一则快乐的边际效用会递减，重复的快乐让人乏味；二则快乐有成本，而快乐本身不足以支付这个成本。于是，为了快乐下去，我们必须抛开当下的快乐。有点悖理，却是事实。

离开当下的快乐，我们要到哪里去？常见的回答是下一站快乐。然而，在到达下一站之前，我们干什么呢？大多数人将不得不努力工作，或者努力学习，这样才能支付未来的快乐成本。心理学家发现，那些主动延迟即时满足感到来的儿童，长大后更容易获得世俗意义上的成功。忙着吃巧克力的孩子，不但会吃坏牙，而且也浪费了本可以用于学习的时间。隐忍、坚毅在哪一种主流文化中都是美德：对唾手可得的快乐视而不见，努力，再努力，直至想象中的更大快乐出现。本性要求趋乐避苦，文化却号召我们吃苦耐劳。重要的不是眼前的、看得见的快乐；而是未来的、看不见的快乐。有点赌博的意味，但经济和文化却因此繁荣起来。拼搏的人生才是最有意义的。拼什么？拼工作，拼学习。

事实上，一些人是如此地拼，以至于他们几乎总是把眼前的收益贮存起来，不急于兑付，以等待更大的快乐出现。更大的快乐里面，有家庭，有事业，有意气风发的壮年，有平淡而充实的老年。他们不但希望自己这样，也希望自己的孩子这样。甚至为了孩子，不少人放弃了自己对快乐的追求。身边的人意气风发，他们隐忍；身边的人志得意满，他们隐忍。隐忍的目的，只是为了孩子能有一个好的环境，可以刻苦学习，以便长大以后能找个好工作。自然，长大以后，这些孩子也会有他们的孩子。可以想见，他们大概率会走在同一条路上。

这就让人想起下面这则故事。从前有个放羊娃，每天辛辛苦苦地放羊，让羊长肥，长肥了就可以赶到集市上卖钱，有了钱就可以买更多的羊崽来放，有更多的小肥羊，卖更多的钱，直到这些钱足够娶媳妇，娶了媳妇就可以生孩子，生的孩子就又可以放羊了……看出来了吧，我们每个人都是放羊娃，只是工种不同而已。放羊自然是想得到快乐，但为了更大的快乐，我们忘记了快乐，只记得放羊了。放羊就是我们的工作。

人生就这样代际循环。海德格尔曾经这样总结亚里士多德的一生：他出生，他工作，他死去。人生的循环，概莫能外。一代一代的人，他们出生，他们工作，他们死去。从表面上看,工作联结着出生与死亡。但是很明显,工作的意义,并不是去充当从出生到死亡的摆渡者。为什么要工作啊?因为这样就可以走向死亡了。这也太荒唐了。凡是来到世间的,终将离开。工作还是不工作,都不会改变这一点。

我们工作,显然是因为我们另有所求。

这个所求当然包括快乐。最常见的快乐包括物质的享受、权力的攫取和知识的追求。更好的工作会带来更多的财富,财富愈多,物质保障愈好,我们愈能免于饥寒之迫,疾患之苦;身体无苦痛,那是何等的轻松。更好的工作,往往能带来更大的权力,让我们能影响更多的人;一呼百应,旌旗如云,那是何等的快意。更好的工作,可以让我们知道得更多,不被无明掩蔽;一切了然于胸,那是何等的畅然。从某个意义上理解,生命就是一场自我体验。注重快乐,会让我们活得内在一些。生命,不是用来张扬的,而是用来过活的;它不是别人眼中的风景,而是自己心头的喜悦。

但事情似乎没有那么简单。物质的丰富、权力的大小和知识的渊博跟快乐的关系并不密切。不是说财富越多、权力越大、见闻越广就越快乐,忧心忡忡的富人、提心吊胆的当权者、郁郁而终的学者并不少见。人类学家发现,都市里的白领并不比丛林中的原始人更快乐。

况且,快乐不一定好。快乐是一种当下感觉。人生跟着感觉走,就像开车完全相信自动导航,有时反而到不了目的地。一些快乐是危险的歧路,在感官上诱惑我们,使我们精疲力竭,茫然无措,老子说,"五色令人目盲,五音令人耳聋";一些快乐是失意的安慰,只让我们暂时避开伤痛,舒张心意,罗隐说"今朝有酒今朝醉,明日愁来明日愁"。这样的快乐,很可能并不值得艳羡,反倒应该同情。

再者说,就算是那些生活中正面的快乐,如果我们执着于它们,很可能就会错过对更深层目标的追求。很多老人在儿孙满堂时回顾自己的一生,平平安安,快快乐乐,一直过着邻居们倾慕的生活,却依旧怅然若失:读书时,为了保险起见,没有填报更合意的学校;工作时,刚刚新婚,拒绝了外派的机会；中年升职，选择了不那么劳累但也不那么出彩的岗位……他们没有做错什么，所以他们一点儿都不后悔。他们又似乎因此错过了什么，所以他们不免有些失落。

回到前面的问题：你幸福吗？要是你不快乐，差不多你并不幸福。快乐是重要的。但是，只有快乐，我们也会有失落的时候，如果生命当中还有一些事情来不及成就，我们就并不心满意足。哲学家们认为，幸福，既指快乐，更指生命的满足。我们要的不只是当下的快乐，更是生命的满足感。心满意足，胜过任何肤浅的快乐，胜过物质、权力和知识。快乐是短暂易逝的。在恋人肩头痛哭一晚，缠绵悱恻的快乐会随着这一晚的过去而消逝，但因此带来的心满意足却是长久的，它将会在回忆中不断地为日渐消瘦的生命注入能量。心满意足了，你就幸福了，哪怕目标没有达到，哪怕人生的烛火就要熄灭。

怎样才能度过心满意足的一生，这是我们面临的最为重要的问题；长期以来，也是哲学的主要课题之一。对此几乎所有重要的哲学家都有过论述。本套丛书选编了西方哲学史上有代表性的七种回答。柏拉图说，"善"是统治世界的力量，我们应该全面地"善"待自己和他人；亚里士多德说，我们应该让自己的生命"兴旺发达"，过理性沉思的生活，活出"人"的样子；斯多葛主义者说，不要放纵盲目的欲望，要跟自然一致；奥古斯丁说，相信点什么比什么也不信强，相信这个宇宙的设计者则会得到至福；卢梭说，真实地活在自己的世界中，不要让欲求超过自己的能力；尼采说，追求自己的事业，跟痛苦"正面刚"；罗素说，有感情，但不要感情用事。在选编中，我们尽量去掉了过于理论化和技术化的部分，希望这套书能够给大家提供人生的镜鉴。

所有的雨后，都可能出现彩虹，只要有阳光，只要我们站在恰当的地方。雨，是所有的挫折；阳光，是我们对生命的热爱；哲学家们的思考，则是到达这些恰当地方的路线图。

苏德超 2020 年 4 月于武汉

目录

导言
自由之子 | 001

I

谈人论性

/ **人是拥有理智和自由意志的存在** / 在所有财富中,处在第一位的不是权威,而是自由。
025

/ **人具有自我完善的能力** / 正是通过激情的活动,我们的理性才能完善。
033

/ **人是自爱的** / 人生来具有并且终生不离的唯一激情,是自爱这种原始的、天赋的激情。
036

/ **自爱与自负或虚荣的区分** / 为了被别人偏爱,我们必须使自己比其他任何人更可爱。
038

/ **人富有怜悯心** / 怜悯是一种自然情感,它调节每个个体自爱的活动,因而促进整个人类的相互保存。
045

/ **人性本善，人人具有良心** / 良心的行动不是判断，而是感受。
051

II

说苦论罪

/ **痛苦之源在于人自身** / 我们的烦恼、我们的焦虑和我们的苦难都来自我们自己。
067

/ **痛苦在于欲望与能力的不平衡** / 人的智慧或真正的幸福之路的关键是减少那些超出我们能力的欲望，使能力和意志处于完美的平衡。
071

III

自筑罗网

/ **自然状态下的人是自由的、平等的、幸福的** / 人的第一感受是有关他的存在的感受，他的第一关怀是对他的保存的关怀。
085

/ **自然状态向文明
社会状态过渡的
原因**

/ 一个人性情的强弱，往往更多地取决于培育他的方式是严酷的还是柔弱的。
093

/ **不平等、不自由
和不幸福的谱系**

/ 无论以任何代价放弃生命和自由，都是违反自然和理性的。
095

IV

回归真我

/ **深陷困厄和不幸**

/ 逆境迫使我们向自己求助，自我反省，这也许是令大多数人最难以忍受它的原因。
129

/ **摆脱不幸和痛苦**

/ 抱怨产生于自负，自负使我怨恨他人，然后也反抗理性。
134

/ **幸福的原因：克服
自负或虚荣**

/ 无论我们自己身处何种境遇，只要有自负，我们总是不幸福。
139

/ 摆脱外界的影响　　　/ 我的感官影响我心灵的方式构成了我生命的唯一痛苦。
　　　　　　　　　　　　143

/ 对比理想的世界　　　/ 最幸福的状态不是最受人尊敬的状态，而是最心满
　与我们的世界　　　　　意足的状态。
　　　　　　　　　　　　148

/ 真正的幸福在于只　　/ 我内心渴望的幸福绝对不是由一些转瞬即逝的片刻
　感到自己的存在的　　　组成，而是一种单纯的、持久的状态。
　境界　　　　　　　　　154

V

自然教育

/ 三种教育　　　　　　/ 教育确实只是与自然天性一致的习惯。
　　　　　　　　　　　　165

/ 人的第一次出生之　　/ 不应该争取时间，而应该将时间白白浪费掉……
　后所进行的自然的、　　168
　消极的教育

自然的、消极的教育的结果	我们的大多数错误都不是出自我们，而是来自他人。
	177
为了人的第二次出生而进行的道德教育	可以说，我们诞生过两次：一次是去存在，另一次是去生活。
	180

VI

理想社会

自由是人之为人的根本，不可转让	夺走人意志的所有自由就等于夺走他行动的一切道德性。
	197
合法的权利只能基于协议	认为自己是其他人主人的人总是比其他人更像是奴隶。
	199
家庭是政治社会的第一个模型	人的第一法则是要致力于他自己的保存，而他的第一关怀是照料他自己。
	200

/ **社会契约的本质**　　　　　/ 我们取得了我们所失去的一切东西的等价物，却
　　　　　　　　　　　　　　　有更大的力量保护我们所拥有的东西。
　　　　　　　　　　　　　　　201

/ **主权中的团体**　　　　　　/ 每个个体作为人的确可以拥有与他作为公民所具
　　与个体的关系　　　　　　有的公意相反或不同的私人意志。
　　　　　　　　　　　　　　　205

/ **自然状态与公民**　　　　　/ 仅顺服强烈欲望的是奴隶状态，而顺服自己为自
　　状态的区别　　　　　　　己制定的法则是自由。
　　　　　　　　　　　　　　　208

/ **主权与社会契约、**　　　　/ 正如私人意志不能代表公意，当公意有具体目标时，
　　公意的关系　　　　　　　它的本质就变了。
　　　　　　　　　　　　　　　210

/ **主权不可转让和分割**　　　/ 私人意志天然倾向于偏颇，而公意倾向于平等。
　　　　　　　　　　　　　　　215

/ **公意**　　　　　　　　　　/ 人总是想要对他们有益的东西，但他们并不总是
　　　　　　　　　　　　　　　能看到它。
　　　　　　　　　　　　　　　218

/ **法律是公意的体现**　　　　/ 不必问谁应该来制定法律，因为法律是公意的行为。
　　和宣告　　　　　　　　　**221**

/ **立法体系的最终目的是自由和平等** / 就权力而言,它不应该成为任何暴力,并且只有凭借职位与法律才能使用它。
224

/ **政府的本质** / 立法权力属于人民,并且只能属于人民。
226

/ **爱国主义教育** / 祖国没有自由就不能继续存在,自由没有德性就不能继续存在,德性没有公民就不能继续存在。
231

编译后记 | 235

导言：自由之子

"我的作品之所以使我感到有点儿骄傲，那也是由于我的写作动机是纯洁的和无私心的。在这一点上，给我做出榜样的作家是很少的；而仿效我的作家，那就少之又少了。我不容许任何个人的成见来损害我为公众利益写作的动机。正是为了公众的利益，我才执笔撰文的，而且在文章中发表的意见还往往是对我本人不利的。'我把我的一生奉献给真理'（Vitam impendere vero）是我奉为圭臬的座右铭。我已问心无愧地实践了它。各位读者，我也可能犯错误，但我绝对不会存心把你们引入歧途。你们可以担心我犯错误，但不要担心我会起坏心。对公众幸福的爱，是促使我对公众发表意见的唯一动机。

......

我毕生遵循的圣洁的真理啊，我的情绪永远不会玷污我对你的真诚的爱；无论是物质利益或恐惧心理都不会改变我对你的尊敬，除了不为报复他人而执笔撰文以外，我将不辞辛劳地永远为你写作终生！"

卢梭何许人也？他有资格谈论幸福吗？

本丛书的主题是不分种族、民族、国别、年龄、性别、阶层和宗教信仰的人们都普遍关注的幸福。而本书编译的是卢梭的幸福学说。不过，稍微知晓卢梭生平的人可能都认为此人肯定不是一个幸福之人。譬如说，人们一般都会认为，一个幸福之人应该具有幸福的原生家庭，接受过良好的教育，有健康的体魄和健全的人格，拥有事业和稳定的、可观的收入来源，可以享受甜蜜的爱情和美满的婚姻生活，年老时儿孙绕膝、父慈子孝、其乐融融。但是，这一切，卢梭似乎都没有，这要么是因为他无法获得它们，要么是因为他自己主动放弃了。

似乎是从卢梭一出生，灾难就不断地降临。他幼年失恃，刚出生不久，母亲就因为产后出血与感染带来的并发症去世。不过，他的钟表匠父亲当时还算是一个好爸爸，他因而还享受了几年快乐的童年。但是，后来他的父亲与别人产生纠纷，因为受不了不公正的待遇，离家出走，漂泊他国。由此，卢梭和哥哥彻底沦为孤儿，只能寄居在亲戚家中。不仅如此，因为家里没钱，所以只能让哥哥一人读书，让年幼一些并且体弱多病的他在钟表作坊当学徒，学一门手艺，以便将来能自食其力。但是，因为不能忍受老板限制人身自由的不人性化的管制，卢梭最终远走他乡，开始了终生漂泊不定的生活。幼年的这些经历使得卢梭早熟，缺乏安全感，养成了敏感、多疑、孤僻、易冲动、不受管束的性格。

卢梭很早就对异性产生了浓厚的兴趣，拥有一颗多情的心。因为他长得还算英俊潇洒，所以比较讨女生欢心，偶尔还会有些艳遇，不过几乎没有女性能够与他保持长期的恋情，步入婚姻的殿堂。在他交往的诸多女性中，对他起到关键性影响的是华伦夫人。虽然她当时是年方十六的翩翩少年卢梭的养母和监护人，但也只是一个年仅二十八岁的少妇。卢梭亲切地喊她妈妈。可以说，慈祥温柔的华伦夫人的爱弥补了卢梭自小缺失的母爱。不过两人后来突破了母子的界限，发展成情人关系。在与她亲密相处的近十年时间里，卢梭无忧无虑、自由自在地生活，这可以说是他一生最幸福的阶段。也是在这一时期，华伦夫人尽其所能为卢梭创造了良好的学习和生活条件，卢梭才得以广泛涉猎，掌握了包括音乐在内的诸多知识和技能，弥补了他没有接受正规教育的缺憾，为他日后在文坛崛起打下了坚实的基础。不过，天下无不散的筵席。卢梭最终因为华伦夫人另有新欢而愤然离去。从此，开始独闯天涯。

卢梭后来名满天下，向他眉目传情、投怀送抱的贵妇人和名媛闺秀大有人在，但是她们好像都很难将浪子卢梭的心留住。尤其令时人不解的是，他最后与一位旅店老板的长相并不出众、大字不识一个的女儿走到了一起。两人虽然长期同居在一起，但是直到卢梭去世不久之前才正式结婚。不仅如此，在同居期间，他们前前后后生了五个孩子。不过，卢梭不仅自己不抚养小孩，还剥夺了妻子做母亲的权利。他将这些孩子全部遗弃，交给育婴堂抚养。时人和后世之人都很难将这种行为与鼓吹婚姻的神圣性、撰写了《爱弥儿》这部教育哲学经典著作的作者联系在一起，因而不少人鄙视他、唾弃他，认为他虚伪、做作。

卢梭交友甚广，却很少有人能与他保持长期的友谊。他早年与以狄德罗为代表的百科全书派交往甚密，受邀为百科全书撰写了不少词条，但是后来因为观点的不同而与他们分道扬镳。他与启蒙运动的领袖伏尔泰发生过论争。后者讽刺他，说他的书是反人类的书，想要使人重新成为野蛮人，过原始的生活。对此，卢梭非常愤慨，强力回击。双方最终不欢而散。可以说，卢梭的晚景非常凄凉，在法国没有任何朋友，他在法国待不下去，受到时任英国驻法国外交官休谟的邀请，欣然同意赴英伦三岛居住。可惜，好景不长，到了大不列颠之后，卢梭敏感多疑的毛病又犯了，他认为温文儒雅的休谟与法国那帮知识分子是一伙的，想要监控和迫害他，最终他不辞而别，返回欧洲大陆。

卢梭在世时虽然名噪天下，但是他没有、也不愿意借此升官发财。他始终对魔都巴黎纸醉金迷、虚伪做作、尔虞我诈、充满算计的社交生活深恶痛绝，最终在贫困、孤独中死去。

由此，人们可能会质疑：既然卢梭自己都不是一个幸福之人，活得如此穷困潦倒、茕茕孑立、形影相吊，那么，他显然不知道幸福的秘诀，其学说是缺乏说服力的；要不然，他怎么可能自己都不幸福呢？对于这种质疑，我们可能做出这样的回应：首先，这种批判已经预设了我们日常的幸福观，即爱情、财富、家庭和友谊是幸福的本质要素，是对的。问题是，如果我们的世俗的幸福观并不正确，或者卢梭并不赞同它，那么，我们不为我们自己观点的合理性和有效性做出辩护，相反却直接拿它来指责卢梭的理论显然是非常独断的、失之偏颇的。其次，即使卢梭生活得不幸福，我们也不能由他生活实践的不成功就断言他所主张的理论是失败的，断言他不懂得幸福。因为一个人懂理论是一回事，而他是否按照该理论实践是另外一回事，他遵照它行事能否产生良好的效果又是另外一回事。后者在很大程度上取决于其他因素，譬如，提出者的实践能力是否够强，理论是否有实行的环境和条件等。

有鉴于此，读者若想中肯公允地考量和评论卢梭的幸福理论，最好还是先了解卢梭自己的阐述和解释。

卢梭的幸福学说概要

卢梭的幸福学说所关注的无疑是人的幸福。既然说的是人的幸福，那就有必要先搞清楚人是个什么东西。第一章辑录了卢梭的幸福观的人性论基础。卢梭宣称，人是拥有理智和自由意志的存在者，具有自我完善和自我发展的能力，并且，人天性善良，他虽然是自爱的，但是具有良心，天然地同情和怜悯他人，因而能够与他人建立和平的、良善的关系。

卢梭的这些主张看似老生常谈，尤其是对于历来相信人性本善的中国读者而言，显得毫无新意。这里有必要做出几点解释和说明。

首先，卢梭认为，人是具有自由意志的。不过，这种自由在不同的历史阶段和时期具有不同的层次和含义。最初的自由是自然的自由，通俗地讲就是：想干什么就干什么，随心所欲，为所欲为。普通人所理解的自由大抵如此。但是这种自由显然是低级的，因为即使主体可以随心所欲、为所欲为、梦想成真，但是这里的欲和梦若不是主体自己所能选择的，而只是出于自然本能，主体并不能摆脱欲望法则的奴役，所以，他即使能够做到这些事情也不是自由的，充其量只是欲望的奴隶。接下来讨论的自由是作为理性的产物的社会的自由，这种自由表现为对自己所享有的一切东西的权利。与对他想得到的和能够得到的一切东西都拥有无限权利的自然的自由相比，这种自由的范围显然受到了极大的限制，由无限的权利变成了有限的所有权。不过，这种自由显然现实得多、靠谱得多。因为，在前者那里，虽然人人都有无限的权利，都可以肆意占有对方所享有的东西，为所欲为，但是正因为人人都可以占有，所以事实上谁也无权最终占有它，只能是暂时拥有。但是在后者这里，既然事物的所有权已经明确下来，那么，我固然不能肆意侵占别人的所有物，但是别人也不能随意占有我的所有物。最后是道德的自由。这种自由也遵循法则，不过，此时的法则不是外在的、异己的法则，而是自己参与订立的法则，是自己意志的记录和体现，而自己遵循自己的意志及其法则，这显然是自由的。只有这种自由才使人成为自己的主人。不仅如此，正如读者将会在后面的选文中看到的，虽然幸福并不等同于自由，但是幸福必然包含自由，自由是幸福应有之义。离开了自由，是没有幸福可言的。

其次，卢梭之前的西方社会的主流人性论思想是性恶论。稍微熟悉一点西方文化的读者都会知道基督教所宣扬的人类堕落的故事。该故事说的是自从始祖亚当犯罪之后，人类的本性败坏，不能不犯罪，不能不作恶。长期接受基督教这种思想的洗礼和浸染的西方人大多接受性恶论的思想。但是卢梭的观点却大相径庭。他主张人性本善。在自然状态下生活的人并没有作恶之心和役使他人的欲望。虽然他们最关注的是自我保存，但是保存自己并不意味着一定要剥削和役使他人，使他人不能自我保存。不仅如此，人天生具有怜悯和同情，除非自己的生命和利益受到威胁，否则，是不愿意伤害和奴役他人的。"野蛮人没有积极主动的激情，又受到怜悯的有益约束，所以，与其说他们是邪恶的，不如说他们是野性未泯的，与其说他们想危害别人，不如说他们更关注保护自己，免遭他们可能会受到的伤害，所以他们不会发生非常危险的争吵。"

最后，卢梭严格区分了自爱与自负/虚荣。广义的自爱包括自负/虚荣（amour-propre）。而狭义的自爱则是人和动物与生俱来的一种最原始的冲动和唯一的激情。它的含义是只对自己感兴趣，只关心自己的存在和福祉。它是自然的、在道德之前的，无所谓好坏。不过，也可以说是好的，因为它是大自然赐予人的。其他情感都从自爱中发展或演化出来。与此相对，自负或虚荣是后天发展出来的激情。其含义是比较自己与他人，试图压制和超越他人，取得更高的地位、更大的优势和利益。自爱是人天生具有的，人只关注自己，并不与别人攀比，因而并不依赖个体与他人或社会的关系，可以保持自己的独立性和自由。而自负或虚荣并非是天生的，它基于与他人攀比和争高下，因而，只有当人的智力发展到一定程度，具有比较的能力，并且处于密切的社会交往和劳动分工的状态时，人才会发展出自负或虚荣。自负或虚荣不仅产生于社会，还受到了社会舆论、意见和习俗的影响和塑造。这是因为，个体的价值和地位依靠社会及他人的承认和欣赏，而要获得他人的承认和欣赏，个体就必须使自己首先变成值得社会及他人承认和欣赏的人，这就意味着个体必然会丧失独立性和自主性，接受社会舆论、意见和习俗。换言之，自负或虚荣是一种与社会和他人相关的自爱，以社会的舆论、习俗和他人的意见来审视自己。

不仅如此，自爱还往往激发人发挥自己的潜能，进而促成自己的成长和完善。因此，它虽然使得人爱自己，但是并不会必然导致人与人之间的冲突。虚荣却不是这样的。它使得人与人之间的关系变得非常紧张，充满冲突和斗争，因为每一个人都不愿意自己比别人差，低人一等。即使自己确实技不如人，也要假装自己很强，高人一头，甚至不惜利用其他手段干扰、阻止和破坏他人获得发展和幸福："由此，本来是一种良善的、绝对的情感的自爱变成了自负。自负可以说是一种相对的情感，人们通过它来进行比较；自负这种情感有偏好，自负的享受纯粹是负面的，它不在我们自己的收益中，而是在别人的损害中寻求满足。"

读者在后面将会看到，自爱与自负/虚荣的这种联系和区别构成了理解卢梭的人性论、幸福学说、教育哲学、政治哲学等诸多理论学说的钥匙。

既然造物主创造人时怀有好的目的和计划，创造的人也是善的，且具有其他动物所不具有的多种能力和禀赋，那么，人应该生活得非常自由和幸福才对。但是放眼世界，世人都过得非常痛苦，鲜有人觉得自己是自由的、幸福的："人是生来自由的，但是他无论在何处总是身陷囹圄。"如何解释这种现象呢？在第二章中，卢梭毫不客气地指出，人的苦难和痛苦源于人自身，人作茧自缚，自作自受："正是因为我们滥用了自己的能力，所以我们才会不幸福和邪恶。我们的烦恼、我们的焦虑和我们的苦难都来自我们自己。"具体而言，"我们的不幸在于我们的欲望与我们的能力不均衡"。从理论上讲，只要人用好用足他所具有的诸种天赋能力和禀赋，就能很好地满足自己的基本欲望和需求，获得幸福。

譬如，比较一下小孩与成人，后者的能力显然比前者的要强大无数倍，但是我们常见到的是，成人愁眉苦脸，一筹莫展，而小孩往往能获得单纯的快乐和满足，其中的缘由是什么呢？部分原因是，成人的欲望和需求过多，而其中很多都是他力所不逮的，无法获得满足，实现个人的欲望与能力的平衡，因而痛苦不堪；相反，小孩的能力虽然低下很多，但是因为他只想他力所能及的事情，不断去进行尝试，最终在对象身上确证了自己的力量，获得了极大的满足和快乐。野蛮的原始人与现代人的关系与此极其相似。现代人相对于野蛮人无疑能力强大得多，但是因为现代人欲望和需求众多，而其中的很大一部分都因为是非自然的，超出了人的能力，所以无法被满足，于是，现代人就感到很痛苦。与此不同，因为野蛮人的欲望和需求非常简单，他凭借造物主赋予他的能力和禀赋能够自己满足自己，生活得自由自在。不过，具有讽刺意味的是，骄傲自大的现代人竟然还经常自以为是地认为，原始人是纵情恣性、不知节制的，只有具有高超的理性能力和道德修养的现代人能够自我控制和自我约束。

由此可见，人要想减少痛苦和不幸，"关键是减少那些超出我们能力的欲望，使能力和意志处于完美的平衡。只有这样，在一切能力都发挥作用时，灵魂才能保持安静，人才会变得有序，有章法"。

那么，现代人为何会产生诸多不自然的欲望和需求？难道他们不知道欲望和需求过多会导致自己不自由和不幸福吗？卢梭通过考察人由自由、平等、幸福的自然状态转向不自由、不平等、不幸福的文明社会状态的历程，指出了人失去乐园、身陷囹圄的原因："大自然使人幸福且善良，而社会使他堕落、使他痛苦……恶习和错误本来与他的构造格格不入，不过却由外面进入他之中，不知不觉地改变了他。"在自然状态下，人的差异并不大。但是因为"人在社会中所采用的习惯和生活类型的差异"，人与人之间的差异越来越大，一部分脱颖而出，成为富人，而一部分人则成为穷人，由此出现了经济地位上的不平等。强者为了保护自己的财富和有利的经济地位，会想法诱使穷人与他们达成契约，用法律手段来确保自己的优势地位。由此，经济上的不平等转化为政治上的不平等。而政治上的不平等最终会形成独揽大权的寡头暴君。那时，除了他之外的所有人都是奴隶，都没有自由和幸福可言。本书第三章辑录了卢梭对此谱系和过程的精彩论述，也收录了卢梭对于文明社会的诸种弊端的著名批判。他的批判力透纸背，值得现代人深思。

要指出的是，上面描述的过程仍然是非常外在的，充其量只是描述了外在的结果的产生过程，并没有揭示出内在的心理动因。实质上，在这种表面的变化和过程背后，潜藏着前面所述的自负或虚荣逐渐产生并且开始发挥主导作用的过程。后者显然更重要。具体而言，在自然状态下，野蛮人是充满自爱和怜悯的，他自由自在地生活，与他人老死不相往来，因而几乎不受他人的观点影响，不会产生自负或虚荣。虽然后来他与他人有了一些接触，甚至在狩猎等活动中有了一些合作，但是这种合作关系是不固定的、暂时的。正是在与其他动物打交道的过程中，人第一次进行了比较，发现了自己相比于动物的优势，由此出现了自负或虚荣的萌芽。接着，随着劳动分工的产生，人开始形成了小的社会团体。在劳动之余，团体的成员聚在一起，做一些娱乐活动。而正是在娱乐活动中，人们开始了相互比较，也开始出现社会舆论和意见。它们左右着对群体中的成员的价值、地位和作用的评价，使得群体的成员产生了寻求社会认可和承认的需求和攀比之风："野蛮人活在自己的世界中，而社会人总是活在自己的世界之外，并且他知道怎么才能活在他人的意见中；可以说，只有从他人的判断中，社会人才能得出对他自己的存在的看法。"这样，就出现了自负或虚荣。因为它们，人们争强好胜、好勇斗狠，产生了嫉妒、羞耻等情感。

从自然状态过渡到文明状态，人失去了灵魂的内在统一性：因为结成了社会，生活于其中，无论是在物质生产上，还是在思想观念上，都受到社会的影响，依赖他人和社会，所以个人失去了天然的独立性和自足性。并且，因为人受社会的舆论、习俗和他人的观念影响，并且试图获得他们的承认和认可，所以他产生了一些非自然的欲望和需求。譬如，他竭力迎合他人和社会设定的标准，试图运用各种手段超过、压制，甚至奴役他人，以此来证明自己的权威地位和影响力。但是，因为这些欲望和需求往往超出了他自身的能力的范围，是他无法凭借一己之力获得满足的，所以，他会痛苦不堪。即使是成功者，也不得自由，因为资源稀少，而竞争者众多，他得想方设法维护和保持自己现有的财富、名誉和地位，并且如果有可能，还要尽可能扩大自己的权益。由此，人与人之间陷入了不是你死就是我活的长期拉锯状态，无人能得幸免，人类彻底陷入一种被欲望牵引和奴役的状态："那种热衷于名声、荣誉和偏爱的东西的普遍愿望在毁灭我们所有人，培养与比较才智和力量，它刺激和膨胀我们的欲望，使所有人成为竞争者、对手或敌人，它使无数有野心的人追逐于同一竞赛场，因而每天都造成许多失败、成功和种种灾祸。"

总之，自负或虚荣促成了不平等的社会的产生，而不平等的社会反过来又加剧人的自负或虚荣，增加人的不幸和痛苦。既然如此，是否处于文明社会之中的人从此就与幸福绝缘？是否只有退回到野蛮人所处的自然状态，才能获得自由和幸福呢？

在第四章中，卢梭给出了一个极佳的示范，展示了他自己如何摆脱社会舆论与自己的自负或虚荣的羁绊，重新成为单纯质朴的自然之子，进而获得幸福的心路历程。如前所述，卢梭的晚景非常凄凉，没有朋友知己，被世人误解、诽谤，乃至攻击，孤独地生活。他大可以像古往今来与他处在类似处境的无数文人墨客那样大发牢骚，甩锅给世人，这样既能站在道德制高点上大义凛然地谴责群氓和民众的愚昧无知，又能浇灭心中的块垒，排遣遭社会遗弃和流放的孤独寂寥，享受嬉笑怒骂的快感。但是喜欢并且善于自我审视和自我拷问的卢梭并没有落入这种俗套，相反他反求诸己，发现自己深陷困厄、不得幸福的原因不在别人那里，而在他自身。正是因为自己的自负或虚荣心太强，才使得自己身陷囹圄："无论我们自己身处何种境遇，只要有自负，我们总是不幸福。"自负或虚荣总是使人高看自己，错估形势。

卢梭反省说："我从来都没有太多的自负，但是当我在社会中时，特别是当我是一名作家时，这种人为的激情在我内心膨胀起来。我当时的自负可能比其他人的少，但是我所拥有的自负也是相当惊人的。"他成为著名作家之后，到处都有人敬仰和尊崇他，哪怕他们的这些敬仰和尊崇是虚假的，这都无疑会满足并且助长他的自负或虚荣。反之，一旦自己不受公众和舆论待见，已经被自负或虚荣浸染的他就会愤愤不平。哪怕他隐居于与世隔绝的圣·皮埃尔岛或巴黎的静谧郊野，也没能放下喧嚣浮躁的名利场，因而也无法真正欣赏大自然的神奇造化和美景："自负发出的迷雾和世界的喧嚣使得树林的宁静清新显得沉闷，扰乱了隐居的宁静。我逃到树林深处也无济于事；到处都有一群人纠缠不休地跟着我，把大自然的一切都给我蒙上了面纱，使我无法观赏它。"

尤其难得可贵的是，卢梭敏感地意识到，自负或虚荣之人会伪装自己，自欺欺人："一个无辜受迫害的人长期以来把自骄视作对正义的纯粹热爱。"一旦认识自负或虚荣的这些欺骗形式，它们就无处遁形。纵然我们不能完全消灭它，但是至少可以阻碍它。在社会中被败坏的个人通过自我剖析和严厉拷问，从社会及其舆论和习俗中抽离出来，就可以使自己的自负或虚荣重新变成受理性和良心引导的自爱："通过返回我的灵魂，切断使自负成为必需的外在关系，通过放弃比较和偏好，满足于我自己眼中看到的我的善。然后，自负又变成了自爱，回到了自然的秩序，并且把我从舆论的枷锁中解救出来。"只有这时，才能实现人与人之间的真正和解，并且，"摆脱了社交的激情及其令人伤悲的尾随纠缠之后，我才重新发现了大自然的全部魅力"，投入大自然母亲的怀抱，与她融为一体。

当然，并不是每个人都有卢梭这么高的觉悟和能力，能够超凡脱俗，不受社会舆论和风俗影响，因为人生于世，总是不自觉地受制于它们的影响。随着年龄的增长，想要摆脱它们只会越发困难。有鉴于此，卢梭认为，幸福的教育应该从娃娃抓起，毕竟他们刚出生时是没有受到社会影响的。现实世界中的卢梭是多个孩子的父亲，然而他生而不养。不过，他虚构了一个名叫爱弥儿的儿童，为他设计了详尽的教育计划，引导他追求幸福。

今天中国的父母生怕自己的孩子输在起点上，孩子还在娘胎中就开始有意识地进行胎教，不放过一点时间让胎儿安静成长，出生之后更是拟订了系统的人生计划，然后不断强化孩子的进取心和竞争意识，让他从小拥有成为众人羡慕嫉妒恨的学霸或学神的梦想。依据卢梭的看法，这不啻于送羊入虎口，主动让孩子陷入他本人极力要摆脱的痛苦和不幸的境地。卢梭大声疾呼："大自然要求儿童在成人之前必须有儿童的样子""你要按照你的学生的年龄来对待你的学生"。大人根本不应该提前将成人世界的各种观念灌输给他们，因为，"所有教育的最伟大的、最重要的和最有用的法则是：不应该争取时间，而应该将时间白白浪费掉……在孩子的灵魂的所有能力没有发展之前，他们不应当处置他们的灵魂，因为既然灵魂是盲目的，它不能知觉到你提供给它的火炬，或者，它也不能追随理性在广阔的思想平原上描绘出的那条道路，因为那条路的痕迹是如此的模糊，甚至最好的眼睛也看不见"。超前教育之所以不好，不仅是因为孩子缺乏足够的能力去适应和掌握，还因为超前教育会将成人世界的自负或虚荣灌输给孩子，使他们争强好胜、好勇斗狠。

与此相对，卢梭认为，真正的教育应该是消极的、否定的教育，应该遵循孩子的自然发展进程，在保证他们安全的前提下尽可能让他们通过直接经验和感知去学习，去发展自己的能力，去接受自然能力的限制。并且，要尽可能延缓，乃至阻止腐败的社会舆论和习俗影响孩子，使他们产生自负或虚荣："最初的教育应当是纯粹消极的。它根本不在于教授美德和真理，而在于防止心灵沾染罪恶，防止精神产生谬误。"倘若孩子已经产生了自负或虚荣，一定要用现实的经验来教训和惩罚他，让他尝到它们带来的危害，对之产生厌弃和鄙视。

当然，这样的自然的、消极的教育充其量培养的只是不受腐败的社会毒害的自由自在的自然人或野蛮人。但是像爱弥儿一样的众多孩子是要在社会中生活的，要与他人打交道的自然人。因此，在达到一定的年龄之后，要对他进行积极的、道德的教育。这时的教育方法是引导他们的自爱、涵养和扩展他们的怜悯心，使他们推己及人，走出小我的世界，去拥抱和关爱他人，这样，他们就能够获得道德的自由。

第四章展示了卢梭自己摆脱自负或虚荣的挟制而获得幸福的经历，而第五章阐述了如何对个体进行教育，尽可能防止他们受社会舆论和习俗影响，产生自负或虚荣的方法。但是，人总是不可避免地存在于文明社会之中，受到它影响，个人想独善其身是不可能的，那么，这是否意味着人不能摆脱自负和虚荣，获得自由、平等和幸福呢？

当然不是。卢梭相信人能获得自由和幸福。但是，通过什么途径呢？包括伏尔泰在内的很多人都认为，卢梭的方法是开历史的倒车，让人重新回到原始的自然状态，过野蛮人的生活。但是事实上，卢梭明确指出人们误解了他的观点，人一旦失去了乐园，就不可能再简单地回到那片乐土："人性不会倒退，一旦天真的、平等的时代被抛在身后，就永远不可能再返回去。"这也是卢梭最坚持的原则之一。因此，他的目标不可能是使人口众多的民族或伟大的国家恢复到最初的简单状态……但是人们仍然顽固地指责卢梭想摧毁科学、艺术、剧院、学院，让宇宙重回其最初的野蛮状态。但是，事实恰恰与此相反。他总是坚持维护现有的制度，认为毁坏它们只会消除权宜之计，留下恶习，用掠夺取代腐败。

事实上，卢梭清醒地意识到，个人与社会是不可分割的，研究个体行为的伦理学与研究社会的政治学是紧密结合在一起的，个人的道德自由与他作为公民所处的政治团体是紧密相连的。要实现个人的道德自由，使他摆脱不平等的社会的舆论和习俗的影响，个人就必须在政治共同体中拥有公民的自由。而这种公民自由产生的条件是，废除过去的建立在欺骗之上的不平等契约，让人自主地、自愿地重新订立契约。此时，缔结契约的主体是自由的存在者，并且契约的内容从根本上是出自他的意志并且与他的意志相符，因而他遵守这样的契约以及基于其上建立的政治体制和法律就是在遵循自己的意志，所以他是自由的，并且是在维护自己的福祉和权益。此时，他显然不是服从本能和欲望的动物，而是服从理性的法则的自由存在。并且，此时，他并没有损失什么，相反因为契约的建立而获得了更大的力量和资源来自我保存和实现自己的意志，达到了欲望与能力在更高层次上的平衡和一致，因而在更高层次上回到了幸福的乐园。

此外，因为自负或虚荣不是自然的产物，而是后天产生的，它使得个人总是力图胜过他人、压制他人，所以，它们总是导致人与他人之间相互竞争和冲突，而不是互爱和合作，这显然不利于社会契约的订立和维护，还会导致国家分崩离析，成为一盘散沙。为此，自由、平等、幸福的理想国要尽可能削弱，甚至铲除人的自负或虚荣。这就有必要进行爱国主义教育，激励公民超出小我的狭小圈子，去爱祖国，对祖国产生认同感和归属感，由此将消极的、否定的自负或虚荣提升和转化成积极的、肯定的民族自豪感和爱国心。

I

谈人论性

在我看来，人的所有知识中最有用然而最不发达的是有关人的知识。

在所有财富中，处在第一位的不是权威，而是自由。真正自由的人只想他能够做的事，只做他喜欢做的事。

人是拥有理智和自由意志的存在

我只是将每个动物视作一部精巧的机器,自然给予每部机器诸种感官,以便使它自己恢复活力,并且在一定程度上保护它自己,防止一切可能毁灭或妨碍它的东西。我确实在人这部机器身上看到了相同的东西,不过有一点区分:在动物的运作中,只有自然主宰一切,而人因为是自由的行动者,所以为他的运作做出了贡献。前者依据本能选择或拒绝,而后者则依据自由的行动。因此,动物不能背离自然给它规定的法则,哪怕背离这种法则对它是有利的;而人经常背离自然的法则,哪怕这样做对他不利。所以,一只鸽子会饿死在盛满美味肉食的大盆旁,一只猫会饿死在水果或谷堆上,尽管它们本来都可以靠它们鄙视的食物来养活自己,倘若它们下定决心尝试一下。所以,放荡之人沉溺于导致他们狂热和死亡的纵欲之中。因为精神败坏了诸感官,因为当大自然缄默不语时,意志仍然会发号施令。

因为所有动物都有多种感官,所以它们都有观念。它们甚至在某种程度上将自己的想法结合起来。就此而言，人与动物只在程度上有区别。有些哲学家甚至认为人与人之间的区别大于人与动物之间的区别。与其说是人的理智，不如说是人作为自由行动者的特征，构成了人与动物之间的区别。大自然命令所有动物，动物只能服从。而人虽然感受到同样的刺激，但是他意识到他可以自由地决定是服从还是反抗，并且，正是在这种自由的意识中，他的灵魂的精神性才显现出来。这是因为，物理学以某种方式解释诸感官和观念形成的机械原理，但是在意志力中，或者更确切地说，在选择力中，以及在对这种力量的感受中，我们才发现纯精神的行动，而机械法则根本没有解释这种行动。

冷冰冰的论证可以规定我们的意见，但不能规定我们的行动。它们使我们相信，但是并不使我们行动。它们证明了必须被思考的东西，而不是必须被做的事。

我不只是一个感觉敏锐的、消极被动的存在，而是一个积极主动的、聪慧机智的存在。

如果人的行动或世界上发生的事都没有任何自发性，那么，我们更加不知如何设想所有运动的第一因。就我而言，我觉得我信服这种观点：物质的自然状态是静止的，它本身没有任何实施活动的力，当我看见一个物体在运动时，我直接判断，它要么是有生命物，要么这种运动是被传导给它的。我内心完全拒绝接受那种有关无机物自己推动自己或导致某种行动的观点。

不是被另一个运动导致的任何一个运动只能来自一个自发的、自愿的行动。无生命物仅遵循运动而行事，没有任何真正的行动是没有意志的。这是我的第一原理。于是，我相信一个意志推动宇宙，并且使自然具有活力。这是我的第一教义，或我的第一信条。

一个意志如何导致物理的、有形的行动？我不知道，不过我自己的经验倒确实如此。我想行动，我就行动。我想移动我的身体，我的身体就移动。但是一个静止的无生命物能推动自己或导致运动，那是不可理解的，并且没有例子。我通过意志的行动，而不是通过意志的本质，认知意志。我把这种意志视作运动的原因。但是设想物体是运动的导致者显然如同设想一个没有原因的结果，如同设想绝对的虚无。

我发现我由于我所属的类而无可争辩地处在第一等级，因为，由于我拥有意志以及有能力使用工具执行我的意志，所以我有力量去影响我周围的所有物体，随我的意志屈服于或逃避它们的活动，而它们当中没有哪一个可以仅凭身体的冲动，违背我的意愿、对我发挥影响。同时，因为我拥有理智，我是唯一拥有对整体的洞察的人。在这个世界上，除人之外，还有何种存在能够观察所有其他存在，测量、权衡和预测它们的运动及其结果，并且可以说把对共同存在的意识和对它的个体存在的意识结合起来？如果我是唯一能将一切同自身联系起来的存在，那么，设想一切是为我而做的又有何可笑的呢？于是，人确实是他所居住的地球的王者，因为，他不仅驯服所有动物，而且他的勤劳使得他可以依据其性情安置一切，并且在地球上只有他知道如何这样做，他也通过思考占有他不能到达的星球。请向我展示，地球上还有哪一种动物知道如何使用火，知道如何对太阳感到惊叹。怎么！我能够观察和知晓诸存在及其关系。我能够意识到存在何种秩序、美和道德。我能够沉思宇宙，将自己提升到掌管宇宙之手，我能够爱善和行善，我会将自己比作畜生吗？

卑鄙的灵魂啊，是你的糟糕的哲学令你与畜生相似；否则，你想败坏自己也是徒劳的。你的天才将会做出对你的原理不利的证言，你的慈悲之心会证实你的理论不实，并且，你滥用你的能力恰恰证明它们的卓越，尽管你很烂。

当我冥思人性时，我相信我在人性中发现了两条不同的原则。其中，一条促使他研究永恒的真理，爱正义和道德之美，进入智者快乐沉思的思想世界的领域。另一条原则使他自甘堕落，臣服于诸感官以及作为其指使者的激情（passions），并且凭借这些东西阻挡有关第一条原则的看法启示给他的一切。当我感受到我被这两种矛盾的运动迷住和捕捉时，我对自己说："不，人不是一体的。我想要，并且我不想要；我同时感受到自己受奴役和自由。我看到了善。我爱它，然而我做坏事。当我听从理性时，我是积极主动的。当我的激情迷住了我时，我是消极被动的。当我屈服时，我最痛苦的是感受到我本来是可以抵抗的。"

没有物质存在本身是积极主动的，而我却是的。对此，人们会很好地与我争辩。但是我感受到它，并且向我言说的这种感受强于同它争斗的理性。我有一个身体，其他物体对它发挥作用，它也对它们发挥作用。这种相互的作用是无可怀疑的。但是我的意志独立于我的诸感官。我同意，或者我反对。我屈服，或者我胜利。我内心清楚地意识到我何时想做什么就做什么，或者何时我正在做的一切让位于我的激情。我总是有意愿的能力，但是我并不总是有贯彻意志的力量。当我沉迷于各种诱惑时，我按照外在对象的刺激行事。当我因这个弱点而自责时，我只听从我的意志。我因为我的罪恶而被奴役，并且我因为我的忏悔而是自由的。只有当我腐化堕落，并且最终阻止用灵魂的声音对抗身体的法则时，对我的自由的这种感受才在我心中被抹去。我只是通过对我自己的意志的这种感受而认知意志，我对理智的认知并不比它更好。当人们问我规定我的意志的原因是什么时，我反问规定我的判断的原因是什么，因为这两个原因显然是同一个。如果人们确实认为一个人在做出他的判断时是积极主动的，并且他的理智只是进行比较和判断的能力，那么，他们将会明白他的自由只是一种相似的力量或派生自前者的力量。当他判断正确时，他选择善；当他判断错误时，他选择恶。那么，规定他的意志的原因是什么？是他的判断。规定他的判断的原因是什么？是他的理智能力，是他的判断的力量：起规定的原因就在他自身中。除此之外，我什么也不懂。

当然，我没有不要我自己的福祉的自由，我也没有要求对我而言是坏的东西的自由。但正是这，构成了我的自由：我能够只意愿那些适合于我的东西或我认为是适合我的东西，并没有外在于我的任何东西规定我。可否这样推导：因为我不能成为与我不同的其他人，所以我不是我自己的主人？

每个行动的原则在一个自由的存在的意志中。人们的回顾不能超出那里。毫无意义的不是"自由"这个词，而是"必然"这个词。设想一个行动、一个结果并不派生自一个积极主动的原则就好比设想结果没有原因。这会陷入恶性循环。要么没有第一冲动，要么每个第一冲动都没有在先的原因。没有真正的意志不是自由的。因此，人在他的行动上是自由的，并且在真正的意义上被一个非物质的实体赋予活力。这是我的第三个信条[①]。由这三个信条，你可以轻易推导出一切其他东西。

每个自由的行动都是由两个原因结合产生的：一个是道德的原因，即决定该行动的意志；另一个是物理的原因，即执行该行动的力量。当我朝着一个对象走过去时，我必须首先想要到那里去，其次我的脚必须能带我到那里去。一个瘫痪的人想要跑，或一个动作矫捷的人不想跑，这两个人都将停留在原地。

只有自己实现自己意志的人才最终不需要他人帮助自己实现自己的意志。由此可知，在所有财富中，处在第一位的不是权威，而是自由。真正自由的人只想他能够做的事，只做他喜欢做的事。那是我的基本准则。

如果自由在于想做什么就做什么，那么，没有人是自由的。所有人都是弱小的，都依靠事物，依靠严酷的必然性。

---

① 第一个信条前面已经选录。"如果被驱动的物体向我展示了一种意志，那么，按照一定的法则运动的物体向我展示了一种理智。这是我的第二个信条。"

谁最清楚如何愿意必然性所规定的一切东西，谁就是最自由的，因为他绝不会被迫去做他不想要的事。

我认为，人的自由并不仅仅在于做他愿意做的事，而在于永远不做他不愿意做的事。这样的自由才是我一贯追求和经常保留的。

毫无疑问，人必须遵守法则。但是首要的是，在必要的时候能够在没有风险的情况下打破法则。

一个人放弃自己的自由就是放弃自己作为人的身份，放弃人的权利，甚至放弃人的义务。对一个放弃一切的人是不可能进行补偿的。这种放弃与人性不符，而且夺走人的意志的所有自由就等于夺走他的行动的一切道德性。

武力是一种物理力。我不明白何种道德可以产生自它的效果。屈服于武力是必然性的一个行动，而不是意志的一个行动。它至多也不过是一种审慎的行为。它可以在何种意义上是一种义务？

只有道德的自由使人真正成为自己的主人，因为仅顺服强烈的欲望的是奴隶状态，而顺服自己为自己制定的法则是自由。

使人独立和自由的，与其说是手臂的力量，还不如说是心灵的节制。

人具有自我完善的能力

有一种品质可以毫无争议地将人与动物区分开来，即自我完善（self-perfection）的能力。这种能力借助环境不断地发展所有其他能力，并且既存在于个人之中，也同样存在于我们人类之中。相比之下，一只动物在出生数月后就变成了它终生不变的样子，它的种群在千年之后仍然保持千年前的样子。为什么只有人类易于变得低能？难道人会回到原始状态？禽兽没有掌握什么，也没有什么可以失去的，它始终保持它的本能。难道人会随着变老或其他事件而再次失去他的完善性能力使得他掌握的一切，因而回落到低于禽兽的程度？我们不得不悲伤地承认，自我完善这种独特的、几乎不受限制的能力是人的所有不幸的来源，正是这种能力借助时间使他摆脱了那种他曾在其中度过了平静、天真的日子的最初状态。正是这种能力，在各个世纪造成了他的智慧和他的谬误、他的恶习和他的美德，并且从长远看使他成为他自己和自然的暴君……野蛮人生性只服从本能，或者更准确地说，为了弥补他可能缺乏的本能，大自然最初赋予他那些能够取代本能的能力，接着赋予使他们能够超越自然的能力。野蛮人最初从纯动物性的功能开始。感知和感受是他最初的状态，这是他与所有动物共同具有的。愿意和不愿意，渴望和畏惧，是他的灵魂的第一个并且几乎是唯一的活动，直到新的环境促成它的新发展。

无论道德学家如何谈论人的理智与激情的关系，人的理智得益于激情甚多，而大家公认激情也得益于理智甚多。正是通过激情的活动，我们的理性才能完善。我们寻求认知，只是因为我们渴望获得快乐。很难设想一个人既没有欲望也没有畏惧却特意去进行推理。反过来说，激情起源于我们的需要，它的发展来源于我们的知识。因为人只有在他拥有有关事物的观念之后或由于自然的简单冲动才能渴求或畏惧那些事物。缺乏各种智慧的野蛮人只感受到这后一种激情。他的欲望不会超出他的身体的需要，他所知道的宇宙的唯一福祉是食物、异性和休息。他所畏惧的唯一灾难是疼痛和饥饿。我说的是疼痛，而不是死亡，这是因为动物根本不知道死亡是怎么回事。有关死亡的知识以及对它的恐惧是人在脱离动物状态后最先获得的东西之一。

如果有必要，我很容易用事实来支持这种感受，并且证明，在世界上的所有民族中，精神的进步与所有民族从自然中获得的需求或环境使他们遭受的那些需求，以及使他们倾向于满足那些需求的诸种激情相称。

人是自爱的

我们的激情是我们自我保存的主要工具。因此，想要毁灭它们是一个徒劳又可笑的计划，那是要控制大自然，那是要变革上帝的作品。若上帝要求人们消灭他赋予他们的激情，他就既愿意又不愿意，这样他会自相矛盾。他绝没有发出这样无意义的命令，人心中没有记下任何这样的东西。并且，上帝要求一个人做的事，他不会通过另一个人来告诉他。他会亲自将这件事告诉他，他将这件事写在他的内心深处。

我发现想要阻止激情产生的人与想要消灭它们的人一样，差不多都是疯子。到目前为止，相信这是我的计划的那些人一定非常不理解我。

但是，是否可以由拥有激情是人的本质这一点非常合理地得出我们自身所感受的以及在他人眼中看到的所有激情都是自然的这个结论呢？它们的来源是自然的，它是真的。但是无数的外来溪流使它膨胀。它成了一条持续扩张的大河，我们几乎不能在其中找到几滴它原来的水。我们的自然的激情是非常有限的。它们是我们的自由的工具，它们有助于保存我们。压制我们和毁灭我们的那一切激情来自别处。自然不会将它们给予我们。我们挪用它们，损害了自然。

我们的激情的来源、所有其他激情的起源和原则、人生来具有并且终生不离的唯一激情，是自爱（self-love）这种原始的、天赋的激情。它先于其他一切激情，所有其他激情在某种意义上只是它的变型。在这个意义上，如果你愿意，所有激情都是自然的。不过，这些变型中的大部分都有外因。没有它们，这些变型绝不会发生。并且，这些变型对我们根本不是有利的，而是有害的。它们改变了原初的目标，与它们自己的原则相抵触。于是，人发现自己在自然之外，并且自相矛盾。

自爱总是好的，并且总是与秩序相符。既然每个人总是被特别委托保存自己，他首要的和最重要的关心是并且应该是始终注意保存自己。如果他对保存自己没有最大的兴趣，他如何能够注意保存自己呢？

因此，我们必须爱我们自己，以便保存我们自己。由同样的感受可以直接得出，我们爱那些保存我们的东西。

自爱与自负或虚荣的区分

我们必须爱我们自己,以便保存我们自己。由同样的感受可以直接得出,我们爱那些保存我们的东西。每个孩子都依恋他的保姆。罗慕路斯(Romulus)[①]肯定依恋给他哺过乳的狼。这种爱最初是纯粹机械的。个体喜欢促进他的福祉的东西;厌恶伤害他的东西。这只是一种盲目的本能。使这种本能转化为感受,使依恋转化为爱,使厌恶转化为仇恨的东西,是显现为对我们有害或有利的意图。一个人从不热衷于那些只追随被给予的冲动的无知觉的存在。有些人,我们会因为他们的内在性情,因为他们的意愿而期待从他们那里获得善或恶。一旦我们看见他们自主地支持或反对我们,他们就会在我们心中激发出与他们向我们显明的那些感受相似的感受。

---

① 根据传说,罗慕路斯是罗马城的创建者。他和孪生兄弟还在襁褓之中时被遗弃,幸得一母狼用乳汁喂养才活下来。后来,他们为好心的牧人收养,成人之后建功立业,在获母狼拯救之地创建了罗马城。

我们寻求为我们效力的东西，我们热爱想要为我们效力的东西；我们逃避伤害我们的东西，我们痛恨想要伤害我们的东西。

小孩子的第一种感受是爱他自己，由这第一种感受产生出的第二种感受是爱那些亲近他的人，因为，在他处于弱小的状态时，他对人的认识完全通过他获得的帮助和关心。他最初对他的保姆和家庭女教师的依恋只是习惯。他寻求她们，因为他需要她们，他有了她们就境况良好。那是识别而不是仁爱。他需要很长时间之后才理解她们不仅对他是有用的，而且她们想要对他有用，此后，他才开始爱她们。

于是，一个小孩是自然地倾向于仁爱的，因为他看到接近他的一切东西都倾向于帮助他，而且由这种观察形成了赞许他的同类的习惯。不过，当他扩展了他的关系、他的需要以及他的积极主动或消极被动的依赖性时，他对他与他人的关联的感受觉醒，并且产生了义务感和偏好感。接着，这个孩子变得专横、嫉妒、不诚实和爱报复。如果他被要求服从，因为他看不到他被命令做的事情的用处，他就把它归因为任性，是有意折磨他，所以他反抗。如果人们总是听从他的，一旦有事情违背了他的意思，他会认为那是反叛，是故意违抗他。他因为别人不听从他而发脾气，敲打椅子或桌子。自爱只关注我们自己，当我们的真正需要获得满足时，它就满意了。而自负（amour-propre）不同，它从未满足，并且绝不会满足，因为这种感受喜欢我们自己胜过他人，所以也要求他人喜欢我们自己胜过喜欢他们自己，而这是不可能的。这就是温和慈爱的激情如何产生于自爱，而可恶的、暴躁的激情如何产生于自负的方式。因此，要使一个人本质上是善的，就要使他的需求减少，并且使他很少比较他自己与他人。要使一个人本质上是坏的，就必须使他拥有很多需求，并且非常依赖意见。基于该原则，我们很容易明白我们如何可以将孩子和大人的所有激情导向善或恶。的确，既然他们不能总是单独生活，那么他们很难始终是善的。同样的困难也会随着他们之间的关系的增加而增加。并且，最重要的是，这就是社会的危险使艺术和关怀对我们而言更加不可或缺的原因，因为我们需要它们在人的心中预先阻止因他们的新需求而产生的堕落。

适合人的研究是对他的关系的研究。在他只能在他的肉体存在之中认识他自己时，他应当依据他与事物的关系来研究他自己。这是他孩童时期的工作。当他开始感受到他的道德存在时，他应该根据他与人的关系来研究他自己。这是他终生的工作。该工作始于我们现在已经到达的阶段，即青年时期。

一旦人需要伴侣，他就不再是一个孤零零的存在。他的心不再是孤独的。他与他的同类的所有关系，他的灵魂的所有感情都将随着他与伴侣的这种关系一起产生。他的最初始的激情很快使其他激情骚动起来。

这个本能的倾向是不确定的。一种性别的人被异性吸引，那是自然的运动。选择、偏好和个人的依恋是启蒙、偏见和习惯的工作。必须有时间和知识，我们才能去爱。只有在判断之后，我们才能爱；只有在比较之后，我们才有偏好。虽然我们在做出这些判断时并没有意识到判断活动，但是它们仍然是真的。无论人们怎么说真爱，真爱始终受人尊敬，尽管它的魅力可能把我们引入歧途，尽管它没有将那些可恶的性质排除在感受到它的心灵之外，甚至还生产了它们，但是它总是预设了值得敬重的性质。没有它们，我们不会处在感受到它的状态。被认为是违反了理性的这种选择正是从理性那里来到我们这里。爱之所以呈现为盲目的，是因为它的眼睛比我们的眼睛好，可以看见我们不能感知到的关系。对于一个没有道德观或审美观的男人而言，每个女人都是同样好的，他第一个见到的女人总是最可爱的。爱根本不是产生于自然，而是自然诸种倾向的准则和缰绳的产物。正是因为爱，除了被爱的对象之外，一种性别的人对于其他异性的人毫无兴趣。

我们承认是我们偏好的东西，我们就想得到。爱必须是相互的。为了被别人爱，我们必须使自己变成可爱的。为了被别人偏爱，我们必须使自己比其他任何人更可爱，至少在被爱的对象的眼中是如此的。这是我们第一眼看自己的同伴的原因。这是第一次与他们比较的原因。这是仿效、竞争和嫉妒的原因。一颗充满了感受的心喜欢敞开心扉。由对情人的需要很快生产出对朋友的需要。感受到被爱的人是多么甜蜜的人，他想要所有人都爱他。如果没有那么多不满意，人们不会想有所偏爱。纷争、敌对和仇恨与爱情和友谊一起诞生。在包含众多不同激情的国度中，我看见，舆论登上不可动摇的王位，愚蠢的凡人屈从于它的帝国，把自己的存在建立在别人的判断之上。

扩展这些观念，你会看到，我们的自负从哪里取得。我们相信是因为它天然的那些形式，自爱不再是一种绝对的感受，相反地，它在伟大的灵魂中变成骄傲，在渺小的灵魂中变成虚荣，并且不断地使所有人都想损人利己。孩子心中没有这类激情的胚胎，这类激情不能在他们之中自行产生。正是我们将它放到那里，要不是因为我们的过错，它绝不会在那里生根。但是青年人的心灵却不是这样的。不论我们做什么，这些激情仍然会在他们心中产生。

不应该将自负和自爱这两种在性质和结果上都迥异的激

情混为一谈。自爱是一种自然感受，它使所有动物都关注自己的保存。在人那里，被理性引导，被怜悯修正的自爱生产了人道和美德。而自负只是一种相对的感受，它是人为的，在社会中产生。它使每个个体重视他自己胜过重视其他任何人，它激励人们做出彼此伤害的所有事情，是荣誉的真正来源。

倘若人们很好地理解了这个，我会说，在我们的原始状态，在真正的自然状态，自负并不存在。因为每个人都将他自己视作他的唯一观察者，是宇宙中对他感兴趣的唯一存在，是他自己美德的唯一评判者，并且他并不能做出比较，而自负这种感受却产生于比较，所以，自负根本不可能在他的灵魂中产生。同理，这个人没有仇恨，也没有报仇的欲望，因为这些激情只能产生于他受到了某种冒犯。并且，正因为构成冒犯的是轻蔑或伤害的意图，不是伤害本身，所以，既不知道如何自我评价、也不知道如何自我比较的人虽然会因为想获得好处而相互施暴，但是他们不会相互冒犯[1]。

---

[1] 在这里，施暴并不一定含有伤害或轻蔑的意图，而冒犯则一定具有这样的动机或意图。因此，对人而言，如果大家为了各自的利益互殴，相互施暴，这也没有什么大不了的，毕竟人人都在寻求自己的利益。如果施暴者并不是有意为之，那么这远没有冒犯严重。事出有因，譬如都为了各自的利益大打出手，自己中招，被打到肉体受伤是小事，忍忍算了。但是如果你的人格受到污蔑，有人就是想修理你而打你，这是你无法忍受的。

总之，看他的同类与看另一类动物没有什么区别的人会抢夺弱者手中的猎物，或者放弃自己的猎物，让强者获得它，他只是将这种掠夺看作自然事件，并没有一丁点傲慢或怨恨的情绪，除了对好结果欣喜或对坏结果伤心之外，没有任何其他激情。

贪食的动机比虚荣的动机好得多，因为前者是一种自然欲望，直接依赖于感官，而后者是舆论的产物，受制于人的反复无常和各种滥用。贪食是孩童时期的激情。这种激情不能对抗他面前的其他激情。哪怕有一丁点竞争，它就会消失。

虚荣是舆论的结果。它来自舆论，受舆论引导……对根本没有任何意义的东西给予过高的评价是导致虚荣的原因，而对本身美善伟大的东西给予过高的评价，则是产生骄傲的原因……相比于虚荣，骄傲更接近人性，因为它使人们渴望确实值得敬重的东西，由此使人自我激励。相反，虚荣在乎的都是一些没有任何意义的东西，因而它是个人自私偏见的结果。

人富有怜悯心

让我们先放下只让我们看见已经塑造了自身的人的所有科学书籍，沉思人的灵魂最初的、最简单的活动。我相信我在它之中感知到先于理性的两条原则：一条原则使我们对我们的福祉和自我保存非常感兴趣；另一条原则在我们心中激起一种天然的反感，反感看到任何有敏锐感受的存在，主要是像我们自己的那些存在者消亡或受苦。在我看来，我们的精神并不需要引入社会性原则，只要能结合/组合这两条原则，就会生产出自然权利的所有准则。当理性通过后续的发展成功地窒息了天性之后，它会被迫重新将这些准则建立在其他基础之上。

因此，我们没有必要在使一个个体成为人之前先使他成为哲学家。他对他人的责任并非后天的智慧的教训口授给他。只要他不抗拒同情（commiseration）的内在冲动，他永不会伤害他人，甚至也不会伤害另一个有感受的存在，除了为了保存自己，他不得不让自己优先于这种合情合理的案例之外。借此，我们也可以终结有关动物是否受自然法支配这个古老的争论。显然，动物没有智慧和自由，它们不能认识这种法则。不过，因为它们与我们的本性在一定程度上相似，天生具有敏锐感受，所以我们判断它们也应受自然法支配，并且，人类应当对它们多少承担些责任。事实上，倘若我不应当伤害像我一样的任何人，那不是因为他是一个理性的存在，而是因为他是一个感觉敏锐的存在。既然感受这种性质是人与动物双方共同拥有的，那么它至少应当给予一方不被另一方随意虐待的权利。

存在着另一条原则，它被赋予人类，以便在某些场合削弱他凶残的自负或在这种爱产生前对自我保存的渴求。该原则使人天生反感看到自己的同类受苦，由此缓和了他为他自己谋福祉的热情。我并不认为我在同意人的美德的最大贬低者[1]被迫承认唯一的自然美德时有任何可害怕的矛盾。对于我们这种软弱并且饱受灾难的存在而言，我所说的怜悯（pity）确实是一种适宜的性情。对人而言，它是最普遍、最有用的美德，因为它在人运用任何反思之前就已经存在，并且是那样的自然，以至于，甚至是动物有时也会显示出它的明显迹象。

---

[1] 指下文的曼德维尔（Mandeville）。

无须谈论母亲们如何温柔地对待她们的孩子、她们如何勇敢地保护他们脱离危险,我们每天都看到,就是马儿也不忍心践踏脚下的活物。一只动物从它同类的动物的尸体旁经过时会躁动不安,有些动物甚至还会埋葬它们的同类。牲口进入屠宰场后都会发出哀嚎,这显示它们看到的恐怖场景令它们震惊,给它们留下了深刻印象。我们高兴地看到《蜜蜂的寓言》(*The Fable of the Bees*)的作者不得不承认人是有同情心的、感觉敏锐的存在,因为他一改他的冷漠、微妙的风格,用例子向我们展示了一名被囚禁者的可怜形象:这名被囚禁者看见外面的野兽从一位母亲的怀中夺走她的孩子,用它锋利的牙齿撕扯孩子的软弱的肢体,用它的爪子撕开孩子的悸动的内脏。他目睹的这件事跟他毫不相干,但是目睹这件事却令他多么焦虑不安啊!见此情景却不能对晕倒的母亲或垂死的婴儿施以援手,他得承受多大的痛苦啊!

这就是先于所有反思天性的纯粹运动。这就是自然的怜悯心的力量,即使是最腐化堕落的风俗也难于将它摧毁,因为在我们的剧院中,有人每天看剧,为剧中的不幸者的苦恼而感动和哭泣,不过,倘若他处在暴君的位置,他对待他的敌人可能会更残忍……

"既然自然把眼泪给人,那么,她承认她给予人最柔软的心。"①

曼德维尔(Mandeville)非常好地感觉到，如果大自然没有赋予人那种支持理性的怜悯，那么，哪怕他们具有一切道德，他们也只不过是一群怪兽。不过，他并没有看到，人所拥有却被他质疑的全部社会美德都只产生于这种品质。事实上，如果不将怜悯施用于弱者、罪人或整个人类，何来慷慨、宽大和人道？如果能够正确地理解，那么，仁爱，甚至是友谊，不过是将怜悯持续地固定在特定对象上的产物：因为渴望一个人不受任何苦不就是渴望他幸福吗？哪怕怜悯确实只是一种让他们站在受苦者的立场的情感，这种情感在野蛮人身上并不显眼但却很强烈，而在文明人身上虽然发达却微弱，这种观念除了给我所说的话的真实性提供更多的说服力之外与我所说的话的真实性还有什么关系呢？事实上，当观察的动物确认自己与受苦的动物更亲密时，它的怜悯会更加强烈。

现在很明显的是，这种确认在自然状态中要比在推理状态中深切无数倍。理性产生自负，而反思增强它。理性使人反省自身，它将他与困扰和折磨他的一切东西分开。哲学

---

① 出自尤维纳利斯(Juvenalis)的《讽刺诗》(*Satires*)。

使人孤立，因为它，他看到受苦者时暗地里说："你想死就死吧，只要我安然无恙就行。"除了整个社会的危险，没有任何东西能够搅乱哲学家的安睡，将他从他的床上扯起来。有人在他窗下杀害他的同类，逃脱了惩罚，而他只是双手掩耳，自辩一番，以阻止他内心深处的天性（nature）将他与被暗杀的人联系起来。野蛮人没有这种令人钦佩的本领，并且因为缺乏智慧和理性，人们总是看到他毫不在意地屈服于人类的第一感情。当发生骚乱或街头斗殴时，民众蜂拥而至，谨小慎微的人开溜，恰恰是贱民和市井妇女将争斗者隔开，阻止诚实的人们相互厮杀。

因此，非常确定的是，怜悯是一种自然情感，它调节每个个体自爱的活动，因而促进整个人类的相互保存。这种情感使我们在看到他人受苦时会不假思索地帮助他们。它在自然状态下接替了法律、风俗和美德的位置，并且还有一个优点：没有人想不服从它温柔的声音。它会阻止每个健壮的野蛮人抢夺老弱病残的来之不易的生计，他自己希望可以在其他地方谋生。这种情感不是用推理的正义的崇高准则"你想要别人怎样待你，你就怎样待人"，而是用天性善良的另一个准则"为自己谋利尽量不要伤害别人"来激励所有人。后一个准则也许远不如前一个准则完善，但比它有用。总之，我们必须在这种自然情感中，而不是在微妙的论证中探求为何每个人在做坏事时总会感到厌恶，哪怕他没有接受过准则的教育。虽然苏格拉底以及具有他那种品性的人理当通过理性获得美德，但是如果人类的保存仅仅依靠他的成员的推理，那么人类也许早就灭亡了。

我们的社会情感只随着我们的启蒙而发展。怜悯虽然是人心生而有之的，但是没有想象力使它发挥作用，它永远都不会活跃起来。我们如何被感动到产生怜悯呢？要推己及人，要使我们自己对受难的存在感同身受。我们只有在我们判断他在受难时才感到难受；我们不是为自己难受，而是为他难受。想一想这种传递预设了多少被掌握的知识！我如何能够想象我并不知道的罪恶？倘若我不知道他人与我的共性，倘若我甚至不知道他正在受苦时，我如何能在看到他受苦时也感到痛苦？根本不会反思的人不可能是仁慈的、公正的、有同情心的，一如他不会是邪恶的和具有报复心的。想象不出任何东西的人只感受到他自己，他在人群中是孤独的。

人性本善，人人具有良心

倘若良心是偏见的产物，那么，我无疑是错了，并且不存在公认的道德。但是如果爱自己胜过爱一切东西是人的一种天然倾向，如果最初的正义感受是人心天生就有的，那么，请那些认为人是简单的存在的人克服这些矛盾。

依据我在我的所有著作做出的推导，以及在最近的著作（指《爱弥儿》——译者注）中尽可能清楚地发展的观点，所有道德的基本原则是，人是天性善良、热爱公正和秩序的存在；人心中并不存在原罪，本性的最初运动总是对的、正当的。我已经展示，人生而具有的唯一激情，即自爱，是一种本身与善恶无关的激情。这种激情变成善的或恶的，只是由于偶然事件，并且取决于它的发展环境。我已经表明，被归给人心的所有罪恶都不是人心天然具有的。我已经陈述了它们产生的方式。可以说，我已经追溯了它们的谱系，并且已经展示，由于人的原初的善性不断被腐化，人最终变成了他们现在的样子。

我也已经解释了我所理解的原初的善性的含义，它似乎并不能从善恶的无关性中推导出来，而是自爱天然具有的。人不是一个简单的存在，他由两个实体构成。尽管并不是每个人都同意那种观点，但是我和你都同意，并且我已经尝试向其他人证明它。一旦证明了那种观点，自爱就不再是一种简单的激情。它拥有两个原则，即理智存在和感性存在，它们的幸福是不相同的。感性的欲望有助于身体的幸福，而对秩序的热爱有助于灵魂的幸福。后一种爱发展起来，并且表现得积极主动，因而获得了良心的称号。但是，良心只与人的理智一起发展和行动。只有通过这种理智，人才能获得有关秩序的知识，并且只有当人知道秩序时，他的良心才能引导他热爱秩序。因此，没有比较过任何东西的人以及没有认识自己诸种关系的人的良心几乎为零。在那种状态下，人只知道自己。他不会认为自己的幸福与任何他人的幸福是对立的或一致的。他既不憎恨也不热爱任何东西。因为他唯独受限于生理本能，所以，他几乎为零，他是愚蠢的。那是我在《论人类不平等的起源和基础》中已经阐明的观点。

由于我已经展示过的那种发展的深入，人开始把目光投向他们的同类，他们也开始看清他们之间的关系以及事物之间的关系，开始采用礼节规矩、正义和秩序的概念。他们开始察觉道德的美，良心开始起作用。于是，他们有了德性，并且，如果他们也有了罪恶，那是因为，随着他们的理解的扩展，他们的利益发生冲突，他们的野心也被唤起。不过，只要利益的冲突少于理解的一致，人从根本上说还是好的。那是第二种状态。

最终，所有个人利益被激化而发生冲突，自爱被煽动而转化为自负，使得整个世界成为每个人的必需品的舆论导致人人生来就彼此为敌，并且使得每个人只能从他人的不幸中找到自己的好处。此时，良知比其他狂热的激情虚弱，于是被它们扼杀，在众人嘴里只是作为一个用来相互欺骗的语词。这时，人人假装愿意为了公众的利益而牺牲他的个人利益，他们都在撒谎。没人想要公共利益，除非它与他自己的利益一致。于是，这种一致性是寻求使人民幸福和美好的真正政治思想家的目的。不过，我在这里开始说一种陌生的语言，读者和您一样都不太懂这种语言。

那是第三个也是最后一个阶段，超越那个阶段就没有什么可做的，并且，那就是人是善良的，然而人的群体却是邪恶的原因。我在我的书中致力于寻求办法阻止人类变成那样的。我那时并没有断定这在现有的秩序中是绝对可能的。但是我确实断言，并且我还要继续断定，除了我所提出的那些办法，再没有其他办法可以成功地实现这个目的。

在我依据对可感知对象的印象以及使我可以依据我的自然之光去判断原因的内在感受推导出我必须认知的最重要真理之后，我必须考察我应该由这些真理得出何种行为方式，我应该为自己规定何种准则，以便我能依据使我降生于世的神的旨意来完成我在世上的使命。我继续遵循我的方法，并不从高深的哲学中得出这些准则，而是发现大自然用不能磨灭的字迹把它们写在我内心深处。我只问自己我想做什么。我感觉是好的一切东西都是好的，我感觉是坏的一切东西都是坏的。在所有诡辩家中，良心是最好的；只有当有人与良心讨价还价时，他才求助于微妙的推理。在所有关怀中，首要的是关心自己。然而内心的声音多少次告诉我们，当我们损人利己时，我们做错了！我们相信我们在听从自然的冲动，但是我们在抵制它。我们听从它对我们的感官所说的，但是我们却藐视它对我们的良心所说的；积极主动的存在服从，而消极被动的存在却在命令。良心是灵魂的声音，激情是肉体的声音。这两种语言往往是矛盾的，这令人奇怪吗？那么，我们应该听从哪个？理性非常频繁地欺骗我们，我们已经有充分的权利挑战它。但是良心绝不欺骗，它是人的真正向导。它之于灵魂，如同本能之于肉体；追随良心的人就是在追随自然，不用害怕迷失方向。

我们的所有行动的道德性在于我们自己对它们做出的判断。倘若善确实是善的，那么，它在我们的内心深处也必须是善的，如同它在我们的作品中是善的一样，而正义的首要奖励是我们意识到我们做了正义的事。如果道德的善与我们的天性一致，那么，我们只有灵魂健康或身体结构优良才能是善的。倘若它们不一致，并且人天然是坏的，那么，他不败坏他的天性，他就不能终止不一致，而他所具有的善只是违反天性的恶。如果人生来像狼吞噬它的猎物那样危害他的同类，那么一个人道的人是败坏的动物，如同狼如果是仁慈的，那么美德只会让我们懊悔。

我的年轻朋友啊，让我们回到我们自身！让我们将所有个人利益放到一边，考察我们的倾向将把我们带往何处。是他人痛苦的场面还是他人快乐的场面更能打动我们？是仁慈的行为，还是邪恶的行为更让我们快乐，而且在事后给我们留下更愉快的印象？在看戏时，你对戏中的什么人最感兴趣？滔天罪行令你开心吗？当这些作恶者受到惩罚时，你会为他们流泪吗？据说我们对一切东西都漠不关心，除了我们的利益。但是恰恰相反，甜蜜的友谊和人道在我们受苦时安慰我们。并且，甚至在我们快乐时，如果没有人同我们分享，我们也会感到孤独、可怜。若人心中没有任何道德，对英雄行为的崇敬之情的传达、对伟大灵魂爱慕之情的表达的根源是什么？对道德的这种热情与我们的私人利益有何关系？为何我们愿意做剖腹自杀的小加图[①]（Cato）而不愿做胜利的恺撒[②]（Caesar）？剥夺了我们心中对美的这种爱，你就剥夺了人生的所有魅力。若一个人邪恶的激情扼杀了他狭隘灵魂中的这些美妙的感受，并且他由于以自我为中心，只爱他自己，那么，他再也感觉不到快乐。他冷酷的心不会因高兴而被打动，甜蜜的柔情绝不能湿润他的双眼，他不会享受任何东西。这个可怜人没有感受，没有活着，他已经死了。但是不论世界上有多少坏人，除了自身利益受到威胁之外，对一切公正的、善良的事情都漠不关心的僵尸似的人还是很少。不公正的事只有使一个人从中获利，才能令他愉快。除此以外，谁都想要无辜者受到保护。我们在街上或公路上见到暴力和不公正的事，内心深处瞬间产生怒气和义愤，它促使我们采取行动保护被压迫者。不过，一种更强有力的义务约束我们，法律拿走了我们保护无辜者的

[①] 小加图：罗马共和国末期著名的共和派人物，他支持庞培反对恺撒，在庞培被彻底击败后自杀。

[②] 恺撒：罗马共和国末期的军事统帅、政治家，是罗马共和国转向罗马帝国的关键人物，史称恺撒大帝。

权利。另一方面，如果我们看见某个仁慈或慷慨的行为，它会激发我们多少崇敬，多少爱啊！谁不会对自己说："我多想做同样的事啊！"两千年前的某个人是邪恶的或公正的，这肯定对我们没有什么重要意义。不过，我们对古代的历史仍然有兴趣，好像它发生在我们这个时代似的。卡提利纳[①]（Catiline）的罪行与我何干？我怕成为他的牺牲品吗？我为何对他感到恐惧好像他是我的同时代的人？我们之所以憎恨坏人，并不只是因为他们伤害我们，而且因为他们邪恶。我们不仅想要自己幸福，也希望他人幸福。当别人的幸福不是以我们自己的幸福为代价时，别人的幸福便增加了我们的幸福。最后，尽管一个人本身是不幸的，他也会同情其他不幸的人。当我们看见他们的厄运时，我们也对厄运感到痛苦。最任性的人也不会完全失去这种倾向。它经常令他们自相矛盾。抢劫路人的强盗看到赤身裸体的穷人会拿衣服给他穿上，最凶残的杀手会扶起晕倒之人。

我们说悔恨的叫喊偷偷地惩罚诸多隐匿的罪行，并且如此频繁地使这些罪行暴露出来。唉！我们当中谁不曾听到这

[①] 卡提利纳：古罗马政治家，曾密谋发动政变，企图推翻元老院的统治，失败后出逃。后战死。

种不依不饶的声音？我们依据经验说话，我们想压制这种给我们带来如此多痛苦的专横的感受。让我们服从自然。我们将知道自然的统治是多么温和，当倾听它之后，我们在证明自己的行为是值得赞许的时候会是多么愉快。坏人提心吊胆，自我逃避。他通过自我逃避来为自己加油，获得快乐。他焦躁不安地四周观望，想寻求一个供他取乐的对象。不尖刻讥讽，不开侮辱性的玩笑，他总是感到伤心。他唯一的乐趣是嘲讽地大笑。与此相反，公正之人的内心是宁静安详的。他的笑并不是恶毒的，而是令人愉快的。他自身就是他的快乐之源。无论是孤身一人，还是处在人群之中，他都同样快乐。他并不从他周围的那些人那里获得满足感，而是将满足感传递给他们。

把你们的眼睛投向世上的诸民族，浏览一下所有历史。在如此众多的、不人道的、怪异的宗教习俗中，在各种各样的道德和品质中，你到处都会发现相同的公正观和诚实观，到处都会发现相同的善恶观。古时的异教信仰生下了丑恶的诸神。这些神在世间会被当作罪犯受罚。他们所呈现的最大快乐就是犯下令人发指的罪行以满足激情。不过，邪恶虽然具备神圣的权威，但是从永恒的居所降临也徒劳无益，因为道德本能使人心厌恶它。神圣的自然之声强过诸神的声音，它使自己在世上受人尊敬，似乎将一切罪行和罪过都贬到九霄云外。因此，在我们的灵魂深处有天赋的正义和德性的原则。尽管我们有自己的准则，但是我们依据该原则判断我们的行动和他人的行动是善的抑或是恶的。我给该原则取个名字叫良心（conscience）……有人说每个人为了他自己的利益才为公共福祉做贡献，但是，那样一来，公正之人损害自己的利益，为公共福祉做贡献的原因是什么？一个人牺牲自己的生命为了自己的利益，这是怎么回事？毫无疑问，除了为自己的福祉之外，没人会为任何东西采取行动。但是如果不存在必须被考虑的道德的善，我们绝不会用私人利益解释任何东西，除了坏人的行动之外。任何人都不可能试图走得更远。这也是一种令人憎恶的哲学。德性的行为会令它窘迫尴尬，它只能通过编造没有德性的基本意图和动机来避开困难……

我只需要让你们区分我们获得的观念与我们的自然感受，因为，我们感知之后才认知，并且因为我们不是学会去寻求对我们是善的东西、逃避对我们是恶的东西，而是从自然中获得这种意志，凭借这个事实：爱善恨恶与自爱一样是天然的。良心的行动不是判断，而是感受。尽管我们的所有观念都来自外界，评估它们的感受却在我们自身之中，并且只有通过这些感受，我们才知道我们与我们应当寻求或逃避的事物之间的兼容性或非兼容性。对我们而言，存在就是感知。我们的感知性无可争辩地先于我们的理智，我们有了感受后才有观念。无论我们的存在的原因是什么，它为了保存我们，赋予我们与我们的本性相适应的感受，并且不能否认的是，这些感受至少是天生的。就个人而言，这些感受是对自己的爱、对痛苦的害怕、对死亡的恐惧以及对幸福的渴望。但是，如果无可怀疑的是，人的天性是合群的，或者至少是可以变成合群的，那么，我们只能通过与他的同类相关的其他天赋感受才能是合群的。因为，如果我们只思考身体的需要，它必然使人类分散，而不是将他们聚在一起。良心的冲动正是从与我们自己以及与我们的同类的这种双重关系所形成的道德系统中产生。知道善并不等于爱善。人并没有有关善的天赋知识，但是一旦人的理性使他知晓它，人的良心会使他爱它。这种感受是天赋的。

于是，我的朋友，我确实相信可以依据我们的本性来解释独立于理性的良心的直接原则。如果那不可能，那就没有必要解释了，因为，否认所有人承认和接受的这个原则的那些人并没有证明它不存在，而只是满足于断言它不存在。当我们断言它存在时，我们像他们一样理由充分。不仅如此，我们还有良心的内在见证和呼声，它为自己做证。倘若判断的第一缕光芒令我们眼花缭乱，并且从一开始就模糊了我们视线中的对象，那么，让我们等待我们脆弱的双眼再次睁开，各就各位，我们将很快在理性的光芒下再次看到这些对象，像大自然首次将它们显现给我们的那样。或者，更确切地说，让我们变得更单纯，少点自负。让我们将自己限制在从自身发现的那些最初的感受中，因为研究在没有将我们引入歧途时总是将我们带回到它们那里。

良心啊，良心！神圣的本能，不朽的、美妙的声音，无知的、有限的却拥有理智和自由的存在的可靠向导；使人像神一样的那个审判善恶的绝对可靠的法官。正是你使得他的天性卓越，使他的行动具有道德。没有你，我感受不到在我之中有任何可以使我超越禽兽的东西，我只拥有那种借助没有准则的理智和没有原则的理性屡犯错误的可悲特权。

感谢上苍，我们才摆脱了所有那些可怕的哲学装置。我们不用成为学者就可以成为人。我们不必浪费我们的生命来研究道德，我们以更低的代价拥有了更可信的向导，它在人的观念的错综复杂的迷宫中引导我们。不过，仅仅这个向导存在还不够，我们还必须知道如何认识和追随它。若它向所有的人心讲话，那为何在众人之中只有极少数听得到它的声音？哎！这是因为，它用大自然的语言向我们说话，而一切东西使我们遗忘了这种语言。良心是羞怯的，它喜欢慰藉和和平。世界和吵闹声令它害怕。他们断言偏见生产了它，但是偏见是它最残暴的敌人。它逃避，或者在偏见面前沉默不语。偏见的聒噪声压制了它的声音，阻止它自己被人听到。狂热敢于伪造它并以它的名义指使犯罪。因为它不被理会，它最终绝望了。它不再向我们说话。它不再回应我们。在如此长期地蔑视它之后，现在召回它所需的代价与过去驱逐它所花的代价一样大。

　　人们告知我们，良心是偏见的产物。不过，我由我的经验得知，良心自始至终坚持追随自然的秩序，对抗人的一切法则。我们很可能被禁止这样做或那样做，但是悔恨总是无力地责备我们，因为井然有序的自然允许我们这样做，更重要的是，它对我们的规定是如此的。啊，好青年，自然尚未告知你们的诸感官任何东西！愿你们长期生活在那种幸福状态！在那种状态，自然的声音是天真单纯的声音。

　　德性啊！你是淳朴的灵魂的崇高科学，难道需要花费这么多气力与材料才能真正认识你？你的原则难道不是铭记在所有人心中吗？为了认识你的法则，返回自身，并且在激情的沉默中聆听自己的良心的声音不就够了吗？那是真正的哲学，让我们知晓如何满足于这种哲学吧！我们不要妒忌在文学界不朽的那些名人的荣耀，让我们努力在他们与我们之间确立我们以前见过的两个伟大的民族之间的那种光荣的区分：一方知道如何说得好，而另一方知道如何做得好。

II

说苦论罪

你们这些愚顽之徒总是指责自然不好,但是你们要清楚,你们的一切痛苦都来自于你们自身!

我们的不幸在于我们的欲望与我们的能力不均衡。

痛苦之源在于人自身

若人是主动的和自由的,他按他自己的意愿行事。他自由所行的一切都不在天命所安排的系统中,不能将责任归给它。天命并不希望人滥用它赋予他的自由去做坏事,但是它并不阻止人去做坏事,这或者因为产生自如此柔弱之人的坏事在它眼里不足挂齿,或者因为,一旦它要阻止他,就不得不妨碍他的自由,使他的天性退化,由此做了更大的坏事。天命使人自由,是为了让他选择为善,而不是作恶。它使人很好地利用它赋予给他的诸能力来做出这样的选择。但是天命限制了人的力量,这样一来,人滥用它留给他的自由也不会扰乱总秩序。人自己作恶,自食其果,并没有改变世界系统,并没有阻止人类的自我保存,尽管他自己的自我保存受到阻碍。抱怨上帝不禁止人作恶等于是抱怨他给予人一种卓越的天性,抱怨他赋予人的行动以道德,使它们高尚,抱怨他赋予人可以拥有美德的权利。最大的快乐是对自己满足。正是为了配享这种满足,我们才被安置在这个世界上,被赋予自由，我们才受到诸种激情的诱惑和良心的约束。神圣力量还可以为我们做什么呢？它会不会使我们的天性矛盾，并且因为那些不能为恶之人做得好而奖赏他们呢？什么？为了防止人变坏，是否有必要限定他只能依据本能行事，从而使他成为动物？不，我的灵魂的上帝，我决不责难你按你的形象创造了他，因而我可以像你一样自由、善良和快乐！

正是因为我们滥用了自己的能力，所以我们才会不幸福和邪恶。我们的烦恼、我们的焦虑和我们的苦难都来自我们自己。道德意义上的恶毋庸置疑地是我们自己造成的，而物理意义上的恶倘若没有我们的邪恶就不算什么，因为我们的邪恶使得我们感受到它。大自然使我们感受到我们的需要难道不是为了我们的自我保存？身体上的疼痛难道不是机器出故障的信号，警告我们小心照料？死亡……坏人难道不是在毒害他们自己的生命和我们的生命吗？谁愿意像这样永远活下去？死亡是纠正我们对自己所作的恶的方法。大自然不想我们始终受折磨。生活在淳朴的原始状态的人所遭受的痛苦多么少啊！他活着时没患过什么病，没产生过什么激情，既没有预料也没有感受死亡。当他感受到死亡时，他的痛苦使他渴望死亡。此时，死亡对他而言也不是恶。如果我们满足我们的现状，我们必然不会感叹我们的命运。但是为了寻求虚幻的幸福，我们给自己带来无数真正的伤害。任何人，如果他不知道如何忍受一丁点痛苦，他应该预料自己会遭受更多的痛苦。当一个人因为混乱的生活搞坏了他的身体时，他想用医疗恢复健康。他本已感受到痛苦，现在又增加了他对疾病的畏惧。预料到自己的死亡使他恐惧死亡，因而加速了死亡的到来。他越想逃避它，他越感受到它。因此，他整个一生是被吓死的，并且会因自己违背自然给自己造成的灾难而责备自然。

人啊，不要再寻找作恶者了！你就是作恶者。没有恶存在，除了你自己所作的和所受的恶之外。而这两种恶都来自你自身。一般的恶只有在秩序混乱的时候才会存在，而我在这个世界的系统中看到的是一贯的秩序。具体的恶只存在于遭受这种恶之苦的人的感受里，但是人并不是从大自然中接受这种感受，而是自己给予自己的。任何人，只要他不反思痛苦，不回忆或预见痛苦，疼痛就控制不了他。拿走我们的致命的进步，拿走我们的错误和我们的恶行……一切都是好的。

我们的生活方式极端不平等：一些人过度懒散，而另一些人过度辛劳；我们轻易刺激和满足我们的食欲和性欲；富人享用过分精致的食物，它们用黏合的汁液滋养他们，同时也使他们不得不忍受消化不良的折磨；穷人吃粗劣的食物，他们大部分时间甚至连这也吃不上，所以，他们的匮乏使他们在时机允许时贪食，由此加重他们胃的负担；熬夜，肆意放纵自己，经历各种激情带来的狂喜、精神困乏和疲惫；在所有情况下都会感受到永远折磨灵魂的无数悲伤和痛苦。……这些致命证据证明，我们的大部分的厄运都是我们自己造成的，并且，倘若我们保持大自然给我们安排的简约的、一致的、独处的生活方式，我们本来几乎可以避免所有这一切厄运。

痛苦在于欲望与能力的不平衡

我们不知道绝对的幸福或绝对的不幸是什么。在此生中，一切东西都混在一起。我们在其中领略不到纯粹的感受。我们在其中也不会在同一种状态下停留两分钟。我们灵魂的情感以及我们的身体状态都在持续不断地变化。好与坏是我们所有人的共同点，只不过在每个人那里程度不同罢了。谁遭受的痛苦最少，谁就是最幸福的人；谁感受的快乐最少，谁就是最不幸的人。痛苦总是多于快乐，二者的这种关系是所有人共享的。因此，人的智慧或真正的幸福之路的关键是减少那些超出我们能力的欲望，使能力和意志处于完美的平衡。

一切痛苦的感受都是与摆脱它的欲望分不开的，一切快乐的观念都是与享受它的欲望分不开的。而一切欲望都假定了匮乏，而感受到的所有匮乏都是令人痛苦的。因此，我们的不幸在于我们的欲望与我们的能力不均衡。若一个存在者的能力与他的欲望相称，那么，他就是绝对幸福的存在者。

那么，人的智慧或真正的幸福之路在于什么呢？准确地说，它不在于减少我们的欲望，因为，如果我们的欲望低于我们的能力，那么，我们的一部分能力会闲置不用，我们就不能享受我们的整个存在。它也不在于扩展我们的能力，因为，如果本来与我们的能力相称的欲望按照更大的比例增加，结果是，我们只会更加不幸福。所以关键是减少那些超出我们能力的欲望，使能力和意志处于完美的平衡。只有这样，在一切能力都发挥作用时，灵魂才能保持安静，人才会变得有序，有章法。

大自然将一切都做到最佳，它从一开始就这样构造了人。它直接赋予人的只是他的自我保存所必需的欲望以及足够使这些欲望得以满足的能力。它把所有其他欲望和能力都储藏在人的灵魂深处，直到需要时才发展它们。只有在这种原始的状态中，能力和欲望才是平衡的，人才不会不幸福。一旦他的潜在的能力开始起作用，在一切能力中最积极主动的想象力被唤醒，那么这种想象力就会比其他能力跑得快。这种想象力拓展了我们对可能的结果的度量，不论好坏，使我们希望满足欲望，由此激发和滋养了欲望。不过，最初看起来触手可及的对象会迅速逃逸，我们根本不能追上它们。当我们相信我们已经触碰到它时，它又变了样，远远地出现在我们前方。我们不再看我们已经经过的地方，我们不再在意它。而仍需要经过的地方不断地增加和延伸。我们耗尽了精力也没有到达终点，并且，我们获得的享受越多，幸福离我们越远。

相反地，人越接近他的自然状态，他的能力与他的欲望之间的差距就越小，因而他就更少远离幸福。他看上去一贫如洗绝不意味着他不幸福，因为，不幸福不在于缺乏一些东西，而在于感觉到需要那些东西。

真实的世界有其限制，而想象的世界则是无限的。我们既然不能扩大一个世界，就必须限制另一个世界，因为，只有二者之间的区别才产生了使我们真的不幸福的所有痛苦。拿走一个人的体力、健康和美好的见证之后，他此生的所有财富都是虚幻的；拿走身体的痛苦和良心的责备之后，我们的所有苦难都是幻想的。人们会说，这个原理是常见的。我同意。不过，它的实际应用却不是常见的，我们这里只处理实践。

……凡是其体力超过其需求的，哪怕是一只昆虫或蠕虫，也是强壮的存在；凡是其需要超过其体力的，哪怕是一头大象或一只狮子、一名战胜者或英雄、一位神，也是软弱的存在。误解了自己的天性的叛逆天使，比按照自己的天性和平地生活的快乐凡人弱。对自己的现状感到满意的人是非常强的，想使自己超越人性的人是非常弱的。因此，不要幻想扩大了你的能力，你就可以增加你的力量。相反，如果你的骄傲扩张到远超出你的体力，你反而会削弱你的力量。我们要测量一下我们活动范围的半径，像昆虫待在它的网中央一样待在那个范围中央。这样，我们始终能自给自足，我们不会抱怨我们的软弱，因为我们根本不会感到软弱。

所有动物都只有保护自己所必需的那些能力，唯独人有多余的能力。可是，这种多余正是促成他不幸的工具，这难道不是很令人奇怪吗？在每个国家，一个人的双手所生产的都远多于他维持生存所必需的。若他足够智慧，认识到这种多余是毫无价值的，那么，他总会拥有他所需要的东西，因为他根本不想要更多的东西。法沃里努斯[①]（Favorinus）说，巨大的需要产生于巨大的财富，但是，一个人为自己提供他所缺乏的东西的最好方法是放弃他已拥有的那些东西。正是因为我们自己想要增加我们的幸福，我们才将我们的幸福转变成不幸福。任何人如果只想活下去，他会活得很幸福。因此，他愿意作为一个

---

① 法沃里努斯：古罗马学者、哲学家，一生主要活动于哈德良统治时期。早年接受过良好的教育，后凭借出色的口才在辩论中获胜而闻名于世。这里的论述出自他的《难忘的言行》（*Memorable Sayings and Deeds*）第一卷第6章第5节。

好人生活着，因为行恶对他有什么益处呢？

如果我们是不朽的，我们会成为最不幸的人。死无疑是艰难的，但是甜蜜的是，一种更好的生活会终结此生的痛苦。如果允许我们在尘世不朽，谁想要接受这份令人沮丧的礼物？针对命运的严酷和人的不公，还有什么资源、什么希望和什么安慰留给我们呢？没有任何预见的无知之人很少感觉到生命的价值，也很少畏惧失去生命。而开明之人认为财富具有更大价值，他更喜欢财富，而不是生命这种东西。只有一知半解和假智慧才使我们只看到死亡，而看不到其他东西，因而使我们将死亡视为万恶之首。对明智之人而言，必然要死只是忍受此生的痛苦的一个理由。如果我们不确定何时会失去生命，那么，我们就要付出巨大的代价来保存它。

我们道德上的弊病都是观念的事情，除了唯一一个弊病，即不法行为之外。这种弊病取决于我们。我们身体上的弊病要么自身被消灭，要么消灭我们。时间或死亡是我们的治疗方法。但是我们越不知道如何去忍受痛苦，我们所受的苦越多。我们为医治我们的疾病而施加给我们自己的折磨要大于我们忍受疾病时所遭受的折磨。要遵循自然而生活，要有耐心，要赶走医生。你逃避不了死亡，不过你只会感受到一次死亡。可是医生每天都使你混乱的想象想到死亡。他们的骗人的技艺不仅不能延长你的生命，反而剥夺了你对生命的享受。我总是询问这种技艺究竟为人做了什么真正的善事。有些会死的人确实被它治愈了，但是成千上万的本可以活着的人却被它杀害。聪明人啊，不要在这种碰运气的事情上下注，因为你冒的风险太大了。因此，无论是受苦、死亡，还是康复，首要的是，要活到生命的最后一刻[①]。

人的习俗充满了愚蠢和矛盾。我们的生命越失去其价值，我们越担忧它。对于生命，老人比年轻人更感到懊悔。他们不想失去他们为享受生命而做的种种预备。到了六十岁时，还没有开始好好生活就死了，那是最残酷的。人们相信所有人都强烈热爱他自我的保存。那是真的。但是人们没有看到，以我们的感受方式呈现的这种爱，在很大程度上是人为的。理所当然的是，人只有当保存他的手段掌控在自己手中时才担忧自己的保存。一旦这些手段摆脱了他，他只能心平气和，安然去世，不会徒劳无用地自己折磨自己。这个第一法则是自然要求我们遵守的。野蛮人和动物很少与死亡争斗，他（它）们几乎毫无抱怨地忍受它。当该法则被破坏时，来

[①] 卢梭在这里表达了他对他所处的那个时代的不太发达的医学以及某些不称职的医生的担忧和批评。其观点在今天看来有些偏激，没有看到医术和医生在救死扶伤、悬壶济世上的巨大功绩。

自理性的另一个法则成形。不过很少有人知道如何获得它，并且这种人为的顺服绝不会像第一个法则那样充实和完美。

预见！预见使我们不停地做超出我们的能力范围的事，并且常常将我们放在我们永远达不到的地方。这是我们所有不幸的真正来源。像人这样转瞬即逝的存在，竟然总是展望一个很少来临的未来，轻视他确信的现在，这是多么疯狂啊！这种疯狂更具有破坏力，因为它随着人的年龄的增长而继续增多，总是怀疑，充满了预见和痛苦的老人本身更喜欢否认今天存在的东西的必要性，以便百年之后不会缺乏它们。因此，我们依恋一切东西，我们紧抓一切东西——时间、地方、人、事物等，紧抓对我们每个人而言，现在和将来都非常重要的一切东西。我们每个个体现在只是我们自己的微不足道的部分。可以说，每个人把自身扩展到全世界，对整个大地都会敏感。我们的病痛会因为我们可能受伤的所有地方愈发加重，这是不是很奇怪？有多少君主因为失去了他们从未见过的土地而悲伤啊！有多少商人为了能够踏足印度而在巴黎叫喊啊！

……

人啊，在你的内心拟定你的存在，你就不再痛苦。保持在大自然给你指派的存在之链的位置上。没有任何东西能够使你离开那个位置。不要反抗必然性那个严酷的法则，不要因为你的想要抵抗那个法则的意愿而耗尽了你的体力。上天赐给你体力不是为了扩充或延长你的存在，而是为了按照它喜欢的那样或者只按照它喜欢的那样保存它。你天生的体力有多大，你的自由和你的力量就能扩展多远。不要超出你体力的范围，其余的一切都只是奴役、幻象和欺骗。

当统治与意见相连时，甚至统治也是奴性的，因为你依赖你通过偏见来管理的那些人的偏见。为了按照你喜欢的方式领导他们，你必须按照他们喜欢的方式行事。他们只需改变他们的思想方法，而你必须改变你的行动方式。接近你的那些人只需要知道如何控制那些你相信你控制了的人的意见，或控制你的那些宠臣的意见，或你的家庭或你自己的那些意见。哪怕你有泰米斯托克利（Themistocles）[①]的天资，这些高官、侍从、祭司、军人、仆人、喋喋不休之人，甚至婴儿，也能在你的军队中把你当成婴儿来指挥。你可以做你喜欢做的事，不要使你的真正权威超过你的真实能力。一旦我们必须用他人的眼光去观察，我们的意志就必须与他人的意

---

① 泰米斯托克利在萨拉米海战中率领希腊海军几乎全歼了数倍于己的波斯舰队，取得决定性的胜利，扭转了希波战争的局势。

志一样。你骄傲地说："我的人民是我的臣民。"确实如此。可是你，你是什么人呢？你的大臣的臣属。反过来，你的大臣，他们又是什么人呢？他们的下属和他们的情人的臣属，他们的仆人的仆人。你占有一切，篡夺一切，然后豪掷千金，设置炮台，架设绞刑架和车轮，颁布法律和法令，增加间谍、军队、刽子手、监狱和锁链的数量。可怜的渺小的人啊！所有这一切对你有什么好处呢？你既不能获得更好的服务，也不能少被抢劫，少被欺骗，也不能有更大的权力。你总是说"我们想做"，但是你做的总是他人想做的事。

只有自己实现自己意志的人，才最终不需要他人帮助自己实现自己的意志。由此可知，在所有财富中，处在第一位的不是权威，而是自由。真正自由的人只想他能够做的事，只做他喜欢做的事。那是我的基本准则。只要把这条准则应用于儿童，就可由它得出教育的全部规则。

社会使人更加软弱，它不仅剥夺了一个人使用他自己的力量的权利，而且最重要的是，使他的力量不够满足他自己。人的欲望会随着人的软弱而迅速增加，并且这就是童年与成年相比的软弱所在。如果说，成人是强壮的存在，小孩是虚弱的存在，那么，这不是因为前者比后者拥有绝对更大的力量，而是因为前者可以自然地自食其力，而后者却不能。成人有更多的意志，小孩有更多的幻想。我所说的"幻想"一词的意思是，所有的欲望并不是真正的需要，并且只有在他人的帮助下才能获得满足。

我已经给出了这种虚弱状态的原因。大自然为此提供了父母之爱。不过，这种爱可能会过度缺陷或被滥用。生活在文明状态的父母在他们的孩子还没有成年时就将他们带入这种状态。他们给予孩子的超过了他所需要的。他们并没有减轻他的虚弱，相反增加了他的虚弱。他们是这样做到的：迫使孩子按照他们的意志，使用他为自己的意志服务的那一点力量，将那种因为孩子的虚弱和他们对孩子的爱而产生的互相依赖转变成一方对另一方的奴役。

明智的成人知道如何留在自己的位置上。可是孩子并不知道自己的位置，所以他无法做到不偏离他的位置，他被给予了千百个脱离他的位置的出口。管教他的那些人要把他保持在他的位置上，而这不是一个简单的任务。他既不应该是动物，也不应该是成人，而是一个孩子。他必须感受到他的软弱，但是他不应该受软弱之苦；他必须依靠成年人，但是他不应该言听计从；他可以提出要求，但他不应该发号施令。只有因为他有需要，因为别人比他更明白什么东西对他有用，什么东西有助于他的保存，什么东西危害他的保存，他才可以听从别人的话。任何人，哪怕是他父亲，都没有权利命令孩子去做对他不利的事。

在偏见和人的习俗败坏我们的自然倾向之前，孩子的幸福像成人的幸福一样，完全在于运用他们的自由。不过，在孩子那里，这种自由受限于他们的虚弱。任何想做什么就做什么的人都是幸福的，如果他能够自己满足自己的需要。这是生活在自然状态的成人的情况。任何想做什么就做什么的人是不幸福的，如果他的需要超出了他的力量。孩子，哪怕在自然状态，也只享受不完善的自由，恰如人在文明状态只享受不完善的自由一样。我们每个人都不能离开他人，所以，就此而言，我们又是软弱的、悲惨的。我们本来被造为成人，但是法律和社会使我们返老还童。富人、贵族和国王都是孩子，他们看见别人渴望减轻自身的苦痛，正是由那个事实而产生了一种幼稚的虚荣，并且对别人的照料感到非常骄傲，但是如果他们长大成人，人们不会照料他们。

这些考虑是重要的，有助于解决社会制度的所有矛盾。

III

自筑罗网

大自然使人幸福且善良,而社会使他堕落、使他痛苦。

人是生来自由的,但是他无论在何处总是身陷囹圄。

自然状态下的人是自由的、平等的、幸福的

人的第一感受是有关他的存在的感受，他的第一关怀是对他的保存的关怀。大地的产出为他提供了一切必要的帮助，而本能使他利用这些帮助。饥饿和其他欲望使他反复体验到各种不同的生存方式。在这些欲望中，有一种欲望要求他繁衍后代，永存自己的种族。这种盲目的倾向因为完全缺乏心灵的感受，所以只生产了一种纯动物性的行为。这种需要一旦被满足，两性便互不相识；甚至一旦孩子能够脱离母亲独自生存，他和养育他的母亲也不再有任何瓜葛。

这就是原始人的状况。这是动物式的生活。他起初局限于纯粹的感觉，几乎不能充分利用大自然赋予他的禀赋，更别说梦想从大自然中攫取任何东西。

野蛮人在森林中漫游，没有工业，没有语言，没有住所，与同类没有联系，既不需要同伴，也不想伤害他人，甚至可能不会分辨一个个个人；他激情很少，自给自足；他只有与自然状态相适应的情感和理智；他只感受到他的真正需

要，只看他相信他有兴趣看的东西，他的理智和他的虚荣一样都没有发展。即使他偶尔有发明，他也无法分享它，因为，他甚至无法认出自己的孩子。技艺会随着它的发明者一起消亡。在那种状态，没有教育，也没有进步。他们一代代徒劳无用地繁衍生息，每个人始终从相同的起点开始。多少个世纪过去了，一切仍然处在原始时代的天然状态。人类已经很古老，但是人仍然是个孩子。

野蛮人生性只服从本能，或者说得更确切点，为了补偿他在本能方面的缺陷，大自然赋予他一些能力。这些能力首先可以取代本能，然后可以使他超脱自然。因此，野蛮人从纯动物性的功能开始。知觉和感受是野蛮人的最初状态，该状态是他和所有动物共有的。愿意和不愿意、渴求和畏惧是他灵魂里最早的且几乎仅有的活动，直到新的环境导致新的发展。

野蛮人的想象没有向他描绘任何东西，他内心对他毫无要求。他朴素的要求很容易得到满足。他还远没有达到想要获得更多知识所必需的知识程度，以至于，他既没有先见之明，也没有好奇心和求知欲。他因为熟悉自然环境，所以对它漠不关心。万物秩序井然，亘古不变，天体运行始终如一，他没有心思欣赏这些最伟大的奇迹。我们不能在他那里发现人为了知道如何观察他每天看到的事物而需要的智慧。他的灵魂不会被任何东西搅得焦虑不安，支配他的灵魂的是对它的生存现状的唯一感受。他对于未来没有任何想法，他的计划与他的想法一样有限，都不会关注今天之外的任何事物。

<u>既然奴役关系只会产生于将人结合在一起的相互依赖和相互需要，那么，不首先使一个人不得不依赖其他人，就不能奴役此人。</u>在自然状态下，并不存在这种奴役关系，每个人都不受任何束缚，强权法则也不管用。

即使大自然在分配它的天赋时，像人们所说的那样偏爱很多人，但是自然状态几乎不允许人与人之间有任何关系，那些最受大自然眷顾的人能从这些天赋中获得什么好处来损害别人呢？在没有爱情的地方，美丽有什么用呢？在不说话的人群中，机智幽默有什么用呢？在不进行任何买卖交易的人群中，欺诈诡计有什么用呢？我反反复复听到人们说强者压迫弱者。但是我希望有人向我解释"压迫"这个词的含义是什么。一些人使用暴力来统治，另一些人被他们的突发奇想奴役，呻吟叹息。那是我在我们中间确实看到过的情形。但是我不明白我们如何能够说野蛮人也是这样的，甚至，向野蛮人解释什么是奴役和统治都

是非常困难的。一个野蛮人可能会抢夺另一个人摘到的果实,争夺别人猎杀的动物,侵占作为别人的栖身之所的洞穴,但是他怎么能够强迫自己服从呢?人们都一无所有,依附之链可以是什么呢?如果有人在一棵树上追赶我,我会自由地跑到另一棵树上;如果有人在一个地方纠缠我,谁会阻止我到其他地方去呢?有没有这样一个人,他的力量不仅比我的大得多,而且他相当腐化、相当懒惰和相当凶恶,以至于强迫我为他提供生活必需品,而他自己却仍然游手好闲?要是有的话,那么,这个人绝对不可能闲着,他必须时时刻刻盯着我,甚至在睡觉时也要把我捆得严严实实的,害怕我逃走或干掉他。那也就是说,他必须甘愿忍受一种麻烦,这种麻烦比他想避免的和给我造成的麻烦还要大得多。毕竟,如果他的警惕放松一下,如果一个意想不到的噪声让他回一下头,我二十步就逃进了森林,打破了我的枷锁,他一辈子都不会再见到我。

我很想有人向我解释一下:一个心灵平静、身体健康的自由存在者会有何种痛苦?我问一下:自然生活或社会生活,哪种生活最易令经历它的人感到难以忍受?我们看到我们周围的人几乎都在抱怨他们的存在,许多人甚至因此尽其所能地去自寻短见,哪怕神法和人间的法律都不足以阻止这种动乱。我问一下：是否有任何人曾经听说一个自由的野蛮人梦想着抱怨生活和自杀？那么，让我们少些骄傲自大，认真判断野蛮人和文明人，哪一方真正痛苦。如果野蛮人被智慧迷惑，被激情折磨，思考一个与他们现状不同的状态，那么，没有什么比他们更可悲的。

因为非常明智的天意，野蛮人的所有潜力只在有机会施展时才发展起来，因此，这些能力，既不会因为提前发展而成为野蛮人的冗余物和负担，也不会因为在被需要时姗姗来迟，毫无作用。原始人仅仅依靠本能就可以拥有他生活在自然状态中所必需的一切东西，而文明人只有凭借被培育的理性才能获得他生活在社会中所必需的东西。

初看起来，因为在自然状态中的人彼此没有任何道德关系或大家众所周知的义务，所以他们既不是善的，也不是恶的，既没有恶习也没有美德。除非我们从物理的意义上理解这些词，将个体的那些会危害个体自我保存的品质叫作"恶习"，将那些促进个体自我保存的品质叫作"美德"。在这种情形下，必须将那些最不抵抗自然的单纯冲动的人叫作"最有德性之人"。但是，如果我们不离开这些词的一般意义，那么，适宜我们去做的是，停止对这个处境做我们本可以做出的判断，察觉我们的偏见，直到我们可以客观地衡量：文明人的美德是否比恶习多？或者，他们的美德给他们带来的好处是否比他们的邪恶给他们带来的危害多？或者，尽管他们知道应该做善事，但是他们仍然作恶，他们在知识上的进步是否足以补偿他们对彼此所作的恶？或者，通盘考虑，他们的哪种处境更幸福，是既不害怕任何人对他们作恶，也不希望任何人对他行善，还是他们忍受普遍的依附，强迫自己接受某些人带给他们的一切东西却不能从那些人那里获得任何回报？

我们不能像霍布斯那样做出结论：因为人没有善的观念，所以他天性是恶的；因为他不知道美德，所以他是邪恶的；因为他不认为自己有责任帮助同类，所以他拒绝帮助同类。我们也不能像他那样下结论说：因为人对他需要的事物拥有的合法权利，他愚蠢地幻想自己是宇宙的唯一主人。

霍布斯虽然非常清楚地看到了自然权利的所有现代定义的缺陷，但是他由他自己的定义得出的结论显示他对自然权利的理解同样是错误的。霍布斯在依据自己确立的原则进行推理时本应当说：如果自然状态是一种，在它之中，关注我们的自我保存并不损害他人的自我保存的状态，那么，那种状态最适合和平，对人类而言是最适宜的。可是他所说的恰恰与此相反，因为他将满足无数激情的需求不恰当地列入野蛮人对自我保存的关注中，但是这种需求其实是社会的产物，并且使法律成为必要……野蛮人之所以不是邪恶的，正是因为他们不知道什么是善。阻止他们作恶的既不是智慧的增长，也不是法律的约束，而是对激情的无感和对邪恶的无知，"不知道邪恶给他们（斯基泰人）带来的好处在某种程度上要多于理解美德给这些人（希腊人）带来的好处"。

……

野蛮人没有积极主动的激情，又受到怜悯的有益约束，所以，与其说他们是邪恶的，不如说他们是野性未泯的；与其说他们想危害别人，不如说他们更关注保护自己，免遭伤害；所以，他们不会发生非常危险的争吵。因为他们之间没有任何交易往来，所以他们根本不知道虚荣、体贴、尊重和蔑视。因为他们根本没有"你的"和"我的"这种观念，没有任何真正的公正观；因为他们将他们可能遭受的暴力视作容易弥补的损害，而不是必须受罚的侮辱；因为他们根本没有想过报复，可能会立即做出机械的反应，就像狗咬扔向它的石头，所以除非为了食物这个更敏感的主题，否则他们的纠纷几乎不会有血腥的后果。

处在原始状态的人最温和。那时，在大自然的安排下，他既不像野兽那样愚昧无知，也不像文明人那样因为智慧而危害性命。他既被本能限制,也被理性限制,他被天然的怜悯心约束,因而自己不会伤害任何人,哪怕他受到别人的伤害,也没有任何东西能够使他去伤害别人。

自然状态向文明社会状态过渡的原因

人与人之间的差别，实际上完全由人在社会中所采用的习惯和生活类型的差异造成。一个人性情的强弱，往往更多地取决于培育他的方式是严酷的还是柔弱的，而非取决于身体的原始构成。人的精神的力量也是一样的。教育不仅使受过教育的人与没受过教育的人产生差别，还使受过教育的人因所受的教育程度不同而产生差别。因为，一个巨人和一个矮人走在同一条路上，他们每迈出一步，他们之间的差距就加大。现在，我们对比一下，文明状态下的教育和生活方式因为等级差别而呈现出多得不可思议的差别，而动物和野蛮人的生活是简单的、一致的，他们吃同样的食物，以相同的方式生活，做几乎相同的事。比较之后，我们会理解，自然状态下的人之间的差别如何比在社会中的人少得多，人类的自然的不平等如何由于人为的不平等而加深。

我已经证明了，在自然状态下，人们几乎感觉不到不平等，并且不平等的影响几乎为零。我还要指出不平等在人的精神的连续发展过程中的起源和进展。我已经指出，可完善性、社会德性以及自然人禀赋的其他潜在能力绝不能仅凭自身发展起来，而为了发展，它们需要一些外部原因的偶然结合。这些原因可能永不会出现，而没有它们，自然人会永远停留在他的原始构成状态。接下来，我还要思考和结合各种不同的偶然事件。这些偶然事件曾经在败坏人类的同时使人的理性趋于完善，在使人社会化的同时使人变得邪恶，最后，从这样一个遥远的起源出发，将人和世界带到我们今天看到它们的地方。

不平等、不自由和不幸福的谱系

石器时代

（漫长的夏季和寒冷的冬季以及火的发现使人发生改变。）人与其他存在、人与人之间的关系的反复应用自然地使人的精神逐渐知觉到某些关系。我们用大小、强弱、快慢、懦弱、勇敢等词以及其他类似的观念表达这些关系。这些关系最终使人产生了某种反思……

产生于这种发展的新智慧使人察觉到他的优越性，由此增强了人相对于其他动物的优越性。……这样，人在第一次注视自己时，就产生了最初的自豪。尽管他还不知道如何划分等级，并且他只是认为自己这一类是自然界中的第一等级，但是从长远看，他已经准备把他个人列为同类中的佼佼者。

尽管他与他的同类的关系并不像我们与我们同类的关系，尽管他与他的同类的交往几乎并不比他与其他动物的交往多，但是他没有忘记去观察他的同类。随着时间的推移，他会看出他与其他男性、他与异性的共同点，并且由此评断他没有看到的那些共同点。当他看到在相似的情形下，所有人的行为举止与他的一样时，他断定他们的思想和感受的方式完全与他自己的相同。一旦这个重要真理在他的头脑中根深蒂固，那么，凭借与辩证法同样确切然而却比辩证法更直接的预感，他会遵循最好的行为准则。对他自己的利益和安全而言，遵循这些对待他人的准则是非常合适的。

因为经验教导他，对幸福的热爱是人行动的唯一动机，所以他发现自己能够区分共同的利益使得他能指望同类的帮助这种稀有的情况与竞争使得他不能信任他的同类这种更稀有的情况。在第一种情况下，他与他的同类结合成群，或者至多结合成不受约束的团体，该团体并不使任何人负有义务，并且随着导致它产生的短暂需要的消失而解体。在第二种情况下，每个人力求获取他自己的利益，或者通过公开使用暴力，如果他相信自己可以公开使用它；或者通过智谋，如果他觉得自己较弱。

这样一来，人会在不知不觉中获得有关彼此之间的义务以及履行这些义务所获得的好处的不成熟的观念，不过只在可以获得眼前的、显而易见的利益时才会产生这种观念，因为预见对他们来说一文不值，他们根本不关注遥远的将来，甚至都不思考第二天的事情……

很容易理解，只关注眼前利益、缺乏预见力、没有有关彼此的义务的成熟观念的这种交往并不需要一种比以几乎相同的方式结合成群的乌鸦或猴子的语言精致得多的语言。

（一些简单的新工具的使用使得人有了闲暇时间。）因为人享受着大量的闲暇时间，他们利用这些时间来设法取得他们的祖先所不知道的许多种产品。那是人在无意中给自己戴上的第一个枷锁，也是他们为他们的后人预备的诸种痛苦的最初根源。因为，这些产品不但使人的身体和精神衰弱，而且人一旦习惯了它们，这些产品就几乎失去了它们的所有愉悦性，并且它们同时退化成人的真正需要。于是，得不到这些产品时的痛苦比得到时的快乐要大得多，有了它们并不幸福，而失去它们又会感到痛苦。

（定居在一起的人组成民族。维系民族的不是法律法规，而是公共的生活方式、类似的饮食和相同的气候。）此时，人们逐渐习惯思考不同的对象并做出比较；他们不知不觉地掌握了有关才能和美丽的观念，由此产生了偏爱之情。因为彼此相识，所以，如果不能再相见，他们就无法忍受。一种温柔甜蜜的感情逐渐进入人的灵魂，然而至少有一种障碍会引发轻率的狂怒。嫉妒随着爱而觉醒；一旦反目，最温柔的感情都会引发流血冲突。

随着观念和感情互相推动以及精神和心灵获得训练，人类变得越来越驯服，联系在扩展，关系变得愈发紧密。人们逐渐习惯于聚集在小屋前或大树周围，歌唱与跳舞——这是爱情和闲暇的真实产物——变成了懒散的、成群结队的男女们的娱乐，甚至成为他们的职业。每个人都开始注意别人，也想被别人注意，于是公众的尊重具有了价值。最擅长唱歌跳舞的人、长得最美的人、最强壮的人、最灵巧的人或口才最好的人都变成了最受尊重的人。这是走向不平等的第一步，同时也是走向邪恶的第一步。从这些最初的偏好中，一方面产生了虚荣和轻蔑，另一方面也产生了羞耻和嫉妒。这些新因素造成的骚乱最终危害了人的幸福和天真。

一旦人们开始相互欣赏，体谅的观念在他们的精神中形成，那么，每个人都认为自己拥有被体谅的权利，不体谅别人却不受处罚已经变得不可能。由此，甚至在野蛮人中间也出现了"礼貌"这个最初的义务，并且由此，任何故意的侵害都会引发愤慨，因为这种伤害不仅造成危害，而且被冒犯者还会在这种伤害中看到对他的人格的藐视，而这种藐视往往比危害本身更难忍受。因为每个人都会依据他对自己的重视程度来惩罚别人对他的藐视，所以，报复变得可怕，人们变得嗜血、残忍。这正是我们所知道的大多数野蛮民族达到的程度。

我们必须注意到：社会的新起点以及人们之间建立的新关系要求人们具有一些品质，这些品质不同于从他们的原始构成状态派生出来的那些品质；因为道德开始被引入人的行动中，而在有法律之前，每个人都是自己所受侵害的唯一裁判和报复者，所以适合于纯粹的自然状态的善良不再适合于新产生的社会；因为侵害的次数越来越频繁，所以惩罚有必要越来越严重。不过，尽管人的耐心已经不如从前，尽管自然的同情心已经经受了一些变化，但是因为，在这一时期，人的能力的发展保持在介于原始状态中的悠闲自在与我们的自负的任性活动之间的黄金中道上，所以这个时期应该是一个最幸福、最持久的时期。我们越深入思考它，就越发觉得这种状态是最不容易发生改变的，是对人而言最好的一种状态，并且，人类不会脱离这种状态，除非由于某个灾难性的偶然事件。为了人类的共同利益，这个事件最好永不发生。我们发现野蛮人几乎都处在这种状态。野蛮人的事例似乎也证实了，人类生来应该永远停留在这种状态，这种状态是世界的真正青春时期，后来的所有进步表面上使个人趋向完善，但是事实上使人类走向没落。

……总之，只要人们只干一个人就可以干的工作以及做不需要许多人合作的技艺，他们都过着与其本性相符的自由的、健康的、善良的、幸福的生活，并且他们继续享受彼此之间自由交往的快乐。但是自从一个人开始需要另一个人的帮助，一旦他们察觉到一个人占有两个人的粮食的好处，平等就消失了，财产被引入，劳动成为必须的；广大的森林变成了必须用人的血汗来灌溉的肥沃田野，并且人们很快看到奴役和贫困伴随着农作物在这片田野上萌芽和滋长。

农业和冶铁，这两个偶然事件导致铁器时代和劳动分工的到来

第一个想把一块地圈起来，说"这是我的"，并且发现一些人头脑简单到相信这些话的人是文明社会的真正创始人。倘若有人拔掉木桩或者填平地沟，并且向他的同伴喊道："小心，不要听信这个骗子的话！如果你们忘了收获属于所有人，土地不属于任何人，那你们会遭殃的！"那么，此人会使人类免去多少罪恶、战争和谋杀，免去多少苦难和惊恐啊！

有了土地的耕作，必然跟随其来的是土地的分配。而一旦财产被承认，随之产生的是正义的最初准则……不可能设想财产产生自体力劳动之外的其他东西，因为我们不能明白

一个人除了凭借他自己的劳动，还能靠什么来把并非自己制造的东西据为己有。只有劳动才能使耕作者有权获得他耕作的土地的产出，因而才使他有权拥有土地，至少在收获之前是如此的，并且如此这般年复一年地进行；只有劳动创造了持续的占有，很容易将土地转化成财产……土地的分配产生了一种新权利，那就是财产权，它不同于从自然法中产生的权利。

在这种状态下，如果人们的才能都是平等的，譬如说，如果铁的使用与食物的消费总是保持准确的平衡，那么，他们本可以保持平等。但是这种均衡很难维持下去，不久就被打破。强壮者做的工作较多；聪慧者可以将他的工作转变成更好的工作；心灵手巧者能找到缩短他的劳动时间的方法；农夫需要更多的铁，或者铁匠需要更多的小麦……虽然都在劳动，但是有的人收入颇多，而有的人甚至不能糊口。因此，自然的不平等确实随着人为的不平等不知不觉地显现自身。人与人之间因为环境的差异而发展出来的差异变得越来越明显，其效果变得越来越持久，并且开始相应地影响个体的命运。

瞧瞧，我们的所有能力得到了发展，记忆力和想象力开始发挥作用，自负被激发起来，理性变得积极活跃起来，精神达到了它所能实现的完善的极限。瞧瞧，人的所有天赋素质开始发挥作用，每个人的等级和命运不仅建立在财产的数量以及提供服务或危害他人的能力上，还建立在智慧、美丽、体力或技巧、功绩或才能之上。因为只有这些素质才能吸引别人注意，所以，人必须很快拥有它们或受它们影响；为了自己的利益，人外显出来的形象必须与他实际的形象不一样。"实际是"和"看来是"变成两个迥然不同的东西。由这种区别产生了明显的炫耀、骗人的诡计以及随之而来的一切邪恶。从另一个角度看，瞧瞧，原来自由、独立的人因为有很多的需要而身不由己，受大自然中的一切东西约束，尤其是受他的同类制约。哪怕他是他们的主人，他在某种意义上也变成了他们的奴隶。如果他富有，他需要他们服待；如果他贫穷，他需要他们的帮助。即使他不穷不富，他也不能离开他人。因此，人命中注定要不断地寻求吸引他的同类，使他们发现在为他的利益工作时自己所获得的好处，无论这种好处是事实上的，还是表面上的。这使他诡计多端地对付一部分同类，蛮横地、冷酷地对付另一部分同类；如果他不能使他所需要的那些人害怕他，并且发现他没有兴趣为他们服务，那么，他会虐待那些人。最后，永无止境的野心，不是出于人的真实需要，而是为了追求高人一等的地位而疯狂敛财的狂热，使所有人都有互相伤害的基本倾向，更危险的是，使人有隐秘的嫉妒，经常戴上仁慈的面具。总之，一方面是竞争和对抗，另一方面是利益的冲突；每个人总是有损人利己的隐秘冲动。所有这一切灾祸都是财产导致的最初效果，也是新生的不平等的必然产物。

劳动分工带来的贫富差距导致普遍的战争

那些因软弱或懒惰而不能有机会取得财产的无业者虽然没有失去任何东西，却变成了穷人，因为他们周围的一切都改变了，唯独他们没有变。他们不得不从富人手里接受或窃取口粮。从此，依据富人和穷人的不同品性，开始产生了统治和奴役或者暴力和掠夺。富人刚一认识了统治的快乐，就蔑视所有其他人，并且用原来的奴隶来征服新奴隶，他们只想征服和奴役他们的邻人……平等被打破之后，接踵而至的是最可怕的混乱。因此，富人的豪夺、穷人的抢劫以及所有人的毫无节制的情欲，扼杀了自然的怜悯心以及还很微弱的正义的声音，使人变得贪得无厌、野心勃勃和罪恶滔天。在强者的权利与最初占有者的权利之间产生了永久的冲突。这种冲突最终以争斗和谋杀告终。新生的社会陷入最可怕的战争泥潭；人类沉沦堕落，悲伤绝望，再也不能回到原来的状态或者放弃他所获得的那些并不能使他幸福的财物。因为人类滥用使他荣耀的能力，只会让自己蒙羞，所以把自己推到了毁灭的边缘。

富人欺骗穷人
达成不平等的契约，
由此产生社会和法律

富人没有有效的理由为自己辩护，也没有足够的力量自卫。他虽然很容易制服一个人，但是也很容易被一群强盗制服。富人一人独自对抗所有人，并且因为富人之间的相互嫉妒，他不能联合其他富人来对抗那些因抢劫这一共同愿望而联合起来的敌人。为形势所迫，富人最终想出了一项人类此前从未思考过的最深谋远虑的计划。富人的这个计划是，使用那些攻击自己的人的力量来为自己牟利，使自己的敌人变成自己的护卫，用其他准则激励他们，并且给予他们其他制度，这些制度对自己有利，如同自然权利对自己有害一样。

出于这种目的，富人向他的邻人们展示了一种可怕的处境，该处境使得他们所有人都拿起武器相互对抗，使得他们的财富像他们的需要一样成为负担。在这种处境下，无论是富人还是穷人，都没有安全。此后，富人就很容易编造一些动听的理由来诱导穷人们实现他的目的："让咱们联合起来，保护弱者不受压迫，约束野心勃勃之徒，保护每个人的私有财产。让我们建立公正与和平的规则。所有人都必须毫无例外地遵守这些规则。通过使强者和弱者都同样履行彼此之间的义务，这些规则在某种程度上补偿了命运的反复无常。总之，不要用我们的力量来对付我们自己，我们要将它们集合成一种至高无上的权力，让这种权力依据智慧的法律来治理我们，保护和捍卫社会的所有成员，击退共同的敌人，使我们享受永恒的和谐。"

不用像本书（指卢梭的二论《论人类不平等的起源和基础》——引者注）这样说这么多就足以说服那些粗俗的、容易被诱骗的人。此外，他们之间有太多的纠纷需要调解，以至于他们不能缺少仲裁者，并且他们太过贪婪、野心过大，以至于不能长期没有主人来管束。于是，所有人都跑去迎接他们的枷锁，还相信它们确保他们的自由，因为，尽管他们有足够的理由来感受到一种政治体制的优点，但是他们没有足够的经验来预测它的危险。那些最能预见到权力滥用的人恰恰是那些指望从权力滥用中获利的人。并且，即使最明智的人也认为必须牺牲他们的一部分自由，才能保存另一部分的自由，正如一个负伤的人砍掉自己的手臂，以便保全他的身体的其他部分。

社会和法律给弱者戴上新脚镣，给强者一些新力量；

它们永久摧毁了天然的自由，永久确立了财产和不平等的法律，将巧取豪夺转变成一项不可更改的权利，并且因此为了少数野心家的利益而使整个人类陷入劳苦、奴役和贫困之中。我们很容易明白，一个单一社会的建立如何使其他一切社会的建立成为必需，为了对抗联合起来的力量，为何其余的力量也必须联合起来。社会快速扩大或扩展，很快就遍布整个大地。在宇宙中，人们再也不可能找到这样一个角落，在那里，我们可以摆脱身上的枷锁，可以避开悬在我们自己头顶上的宝剑，这柄宝剑经常把持不住，以至于我们每个人永远觉得自己命悬此剑。因为民法已经变成公民的共同准则，所以自然法只适用于各种不同的社会之间。在那里，它以"国际法"的名义存在，被一些默认的协议调整，以便使不同社会间的交往成为可能，并且它接替了自然的怜悯心。不同社会之间的这种怜悯心几乎丧失了它曾经在人与人之间所具有的全部力量。它现在只存在于少数伟大的世界主义者的灵魂中。这些世界主义者克服了那些使各民族分离的虚幻障碍，追随创造他们的至高存在，仁慈地对待整个人类。

**确保经济不平等的
政治制度最终走向了损害所有人的
自由和幸福的专制主义**

社会过去只是由一些一般协议组成,所有个体都承诺遵守这些协议,共同体保证每个个体遵守这些协议。但是经验却不得不展示这种组织是多么脆弱,违反协议者多么容易逃避对过错的认定和惩罚,因为只有公众才能见证和裁决他的过错;人们千方百计地逃避法律;不便和混乱继续不断地迅速增多,由此,人们最终想到冒险将公共权力托付给私人,把强迫人服从人民评议的任务委托给官吏。

在这些不同的政府中,所有官员起初都是选出来的。当财富还没有盛行时,功绩被给予了优先权,因为功绩使其拥有者具有一种天然的优势。年龄也被给予了优先权,因为年长者在处理事务上更有经验,并且在考虑问题时更加冷静……不过,越是年老者当选,选举就越频繁,人们也就越发感受到选举的困难。于是,阴谋诡计产生了,派系形成了,党派之间的冲突日益尖锐,内战爆发,最终为了所谓国家的幸福而牺牲了公民的性命,人们几乎会重新回到从前的无政府状态。有野心的领导人物利用这些情况,将他们的职位永远掌握在他们的家族手中。人民已经习惯于依附、安宁和生活的便利,再也不能打破他们身上的锁链。他们为了确保自己的安宁而甘愿忍受越来越重的奴役。因此，已经变成世袭的首领们逐渐习惯于将他们的官位视作家产，将自己视为国家的主人，而他们起初只是国家的官吏。他们也习惯了将他们的公民同胞叫作他们的奴隶，把他们像牲畜一样算在他们所拥有的财物数目中，并且，他们宣称自己是与神平起平坐的、是"王中王"。

正是在这种混乱和这些革命中，专制统治逐渐抬起它的丑恶的头，吞噬了它所见过的国家的所有部分的一切良善的、健康的东西，它最终实现了践踏法律和人民、在共和国的废墟上建立专制统治的目标。在专制统治这个最后的变化发生之前的时期是麻烦和灾难的时期，但是一切最终都被这个恶魔吞没，人民不再有首领或法律，而只有暴君。从那时起，人们再也不提及品行和美德，因为凡是专制统治主宰的地方，"谁也不能从可敬的行为中获得任何希望"，专制政治不允许有任何其他主人。一旦专制主义开口发令，就不存在正直诚实或商量请教的义务。最盲目的服从是奴隶们仅存的美德。

臣民自身及其拥有的一切都归属于暴君的私人财产，或者至少暴君自己声称这是事实，所以当暴君将臣民自己的一些财产留给他们时，臣民还得把它们当作一种恩惠来接受。当暴君剥夺臣民时，他在伸张正义；当他让臣民活着时，他在施舍恩惠。

政治上的差别必然导致民事上的差别。人民与其领导之间的日益不平等很快被个体感受到。这种不平等因为激情、能力和事件的不同而发生上千种改变。官员非法地篡夺了权力，不过他必须有为他办事的手下，于是不得不将其中的一部分权力分给他们。此外，公民们被盲目的野心引诱，因而自己甘愿受人压迫。因为他们宁可向下看，也不往上看，所以，在他们看来，统治别人比独立更可贵，他们同意自己戴上枷锁，以便反过来能把枷锁套在别人身上。很难强迫一个寻求发号施令的人去服从，最精明的政治家也不能使只想要自由的人屈服。但是，不平等毫无困难地在野心家与怯懦者之间传播，因为他们随时准备冒险，借助时运，或者去统治别人，或者去依附别人，这完全取决于这样做是有利于他们，还是相反。

政府并不是由专制权力开始的。专制权力只是政府的腐败和极限，它最终使政府又返回到弱肉强食的唯一法则，而政府最初恰恰是解决此问题的方法。不但如此，即使政府是从专制权力开始，因为这种权力本身是非法的，所以既不能充当社会的诸种权利的基础，也因而不能作为被实行的不平等的基础。

不平等、
不自由和不幸福的
产生过程

我认为在人类中有两种不平等：第一种，我称之为自然的或生理的不平等，因为这种不平等被自然确立，并且由年龄、健康、体力以及心智或灵魂的品质的差异构成；另一种，我可以称之为道德的或政治的不平等，因为它取决于一种协议，并且人们同意确立它，或者至少同意批准它。后者还包括某些人由于损害别人而得以享受的不同特权，譬如，比别人更富有、更显贵、更有权，或者使别人服从自己。

……

那么，这本《论人类不平等的起源和基础》究竟要讨论什么呢？它要指出在人类社会的演进中，在何时，权利取代了暴力，自然受法律约束；要说明因为哪一系列的奇迹，强者能够决心为弱者服务，而人民能够决心牺牲真实的幸福，去换取一种主观的安宁。

在自然状态下几乎不存在不平等。不过，由于我们的能力的发展和精神的进步，不平等才获得了力量和发展，并且通过确立私有财产和法律，不平等最终稳定下来，成为合法的。

如果我们追随这些不同的变革的不平等的进展，那么，我们会发现，法律和私有财产的设定是不平等的第一个阶段，官职的设置是第二个阶段，而第三个阶段，也是最后一个阶段，是将合法的权力变成专制权力的阶段。因此，富人和穷人的地位被第一个阶段认可，强者和弱者的地位被第二个阶段认可，而主人和奴隶的地位被第三个阶段认可。第三个阶段是不平等的极点，也是所有其他阶段最终要导向的阶段，直到新的变革完全瓦解政府，或者使它更接近于它的合法的机构。

专制政治是不平等的顶点，是将圆圈封闭，与起点汇合的终点。在这里，所有个体再次变成平等的，因为他们什么都不是，一无所有。除了君主的意志，臣民不再有任何法律，而君王除了他的激情，再也没有任何其他准则，善良的观念和正义的原则又重新消失了。在这里，一切又都回到强者的唯一权力上，因而回到一种新的自然状态。这种新自然状态不同于我们先前由之出发的那种自然状态。因为那种自然状态是一种纯粹的自然状态，而这种新自然状态是过度腐化的结果。除此之外，这两种状态之间的差别是如此少，政府的契约被专制主义如此彻底地破坏，以至于暴君只有当他是最强大的时候才是主人，一旦他可以被驱逐，他不能反抗暴力。造反者以勒死或废黜统治者终结，这与统治者此前肆意处置他的臣民的生命和财产一样是合法的行动。只有暴力维护他，也只有暴力推翻他。于是，一切事物都按照自然的秩序发生，无论这些短暂、频繁的革命的结果是什么，没有人可以抱怨别人的不公正，他只能抱怨自己的轻率或不幸。

即使没有政府的干预，在个人之间，声誉和权威的不平等也是不可避免的，因为，一旦他们结合在同一个社会中，他们不得不相互比较，并且考虑他们在持续相互比较时发现的那些差异。这些差异有很多种，但是归结起来主要是财富、地位或等级、权势和个人的德性的差异。它们是评价社会中的人的标准。我会证明，这些不同的力量的一致或冲突最准确地显示一个国家是结构良好的还是糟糕的。我会展示，既然在这四种不平等中，个人的素质是其他不平等的根源，而所有其他不平等最终会归结为财富的不平等，因为财富对于幸福是直接有用的，并且最容易交换，很容易用它来购买其余的一切。这种观察使得人可以确切地判断每个民族离开其原始状态的程度以及距离腐败顶点的远近。我会指出，那种热衷于名声、荣誉和特权的普遍愿望如何毁灭我们所有人，使我们培养并比较各自的才智和力量，它如何使我们的欲望受到刺激和膨胀，使所有人成为竞争者、对手或敌人，它如何使无数有野心的人在同一竞赛场角逐，因而每天都造成许多成败和种种灾祸。我会展示，我们每个人都渴望得到别人的夸耀，都疯狂地渴望出人头地，这几乎总是使我们远离自己，因此，在人群中产生了最好的人和最坏的人，产生了我们的德性和恶习，我们的科学和我们的错误，我们的征服者和我们的哲学家，也就是说，产生了大量的坏东西和极少的好东西。最后，我会证明，我们看到少数有权有势的人处在辉煌和财富的顶峰，而多数人卑躬屈膝，默默无闻，过着穷困悲惨的生活，这是因为，前者只有剥夺了后者的东西，才会珍惜他们所享受的这些东西，因为，倘若他们的地位不发生改变，那么，只要人民不再是痛苦的，有权有势的人就不会幸福。

文明状态下人的不幸生活

正如一匹野马在接近马缰辔时竖起鬃毛，用马蹄踢地，激烈地脱离它，而受训过的马则耐心地忍受马鞭和马刺，同理，文明人毫无怨言地戴着枷锁，而野蛮人则不肯向枷锁低头，他们更喜欢动荡的自由，而不是平静的屈从。因此，我们不应依据被奴役的民族的堕落状态，而应当依据所有自由民族为反抗压迫而做出的不平凡的事迹来判断人的天性是愿受奴役的，还是反对奴役的。我知道前者只是不断地夸耀他们在枷锁状态下所享受的和平和闲适，"他们把最悲惨的奴役状态叫作和平"。但是我看到后者宁可牺牲快乐、闲适、财富、权力，甚至生命本身也要保存这个唯一的财产，即自由，而丧失了这项财产的人那么藐视这份财产。我看到生来自由的动物因蔑视囚禁而朝着牢笼栏杆撞头，我看到无数完全赤身露体的野蛮人鄙视欧洲人的感官享受，只为保存他们的独立性而甘愿忍受饥饿、炮火、刀剑和死亡的危险，此时，我感到思考自由应该不是奴隶的事。

既然自由是人的诸种能力中最高贵的，那么，如果为了取悦一个残暴的或精神失常的主人而毫无保留地放弃他的所有天赋中最珍贵的东西，使自己受主人奴役，去犯我们自己的创造者禁止我们去犯的所有罪行，那么这难道不是人的本性的堕落，不是把自己降到被本能奴役的禽兽的水平，甚至不是得罪自己的存在的创造者吗？这位崇高的工人在看到他的最好作品被毁时比看到它受辱时更恼怒……生命和自由是自然的必备礼物，每个人都可以享受它们，但是认为有人有权使自己摆脱生命和自由至少是令人怀疑的：放弃自由，我们贬低了我们的存在；放弃生命，我们丢掉了自己的生命。因为任何其他短暂的财富都不能补偿这两种东西，所以，无论以任何代价放弃生命和自由，都是违反自然和理性的。

人们的灵魂和激情不知不觉地改变了他们的本性。我们的需求和我们的快乐从长远来看改变了它们的对象。在原始人逐渐消逝时，在智慧之士看来，社会不再提供任何东西，除了矫揉造作的人和人为的激情所构成的集合体，而这些人和激情是所有这些新关系的产物，在自然中并没有任何真正的基础。我们反思该问题所获得的认识已经被观察完全证实。野蛮人和文明人的内心和倾向的差异是如此之大，以至于让文明人感到至上幸福的东西反而会令野蛮人绝望。野蛮人只喜爱安宁和自由；他只想生活，保持闲散状态；甚至斯多葛派的完全宁静也比不上他对身外一切事物的那种超常淡漠。相反地，文明人总是积极有为，汗流满面，心烦意乱，不断地折磨自己，以便找到更耗时费力的工作。他劳动到死，甚至有时冒着死亡的危险，以便使自己适应生存，或者舍弃生命以求永生。他讨好权贵，尽管他内心厌恶和鄙视他们。他不遗余力地干活，以便获得为他们服务的荣耀；他骄傲地夸耀自己的卑贱，夸耀他们对他的保护；他以自己的奴性为荣，还蔑视那些无法获得分享这种奴性的荣耀的人。一个加勒比人看到一位欧洲大臣的那种繁重的、令人羡慕的工作会多么震惊！那个悠闲的野蛮人宁愿忍受无论多么残酷的死亡，也不愿过这样一种恐怖的生活。这种恐怖的生活通常不会因为行善的乐趣而变得甜蜜。但是为了让那个悠闲的野蛮人明白文明人的如此多的担忧的目的，必须先让他明白"权力"和"名声"这些词汇的含义，还要让他知道，存在着这样一类人，他们认为宇宙中其他存在的考虑是非常重要的，并且他们知道如何依据别人的证言而不是依据自己的证言来获得幸福和自我满足。事实上，这是所有这些差异的真正原因：野蛮人活在自己的世界中，而社会人总是活在自己的世界之外，并且他知道怎么才能活在他人的意见中；可以说，只有从他人的判断中，社会人才能得出对他自己的存在的看法。

我的主题不是去展示，尽管有讨论道德的精细论著，对善与恶的如此冷漠仍然由这样一种性情产生；不是去展示，因为一切都只是表象，所以包括荣誉、友谊、美德，甚至恶行在内的一切都变成了人为的、欺骗性的，人由此最终发现了自吹自擂的秘密；也不是去展示，尽管我们有那么多哲学、人道、礼仪和崇高的箴言，我们却总是问别人自己是一个什么人，从来不敢拿这个题目来问自己。因此，我们只有虚伪轻浮的外表、缺乏道德的荣誉、缺乏智慧的理性和缺乏幸福的快乐！我只要证明如下两点就够了：人的自然状态不是这样的，只有社会的精神及其生产的不平等才改变和更改了我们的所有自然倾向。

一位著名的作家计算了人生的善和恶。在比较二者的总和之后，他发现，恶远超善，并且，通盘考虑后他发现，生命是给予人的一件相当可怜的礼物。他的这个结论并不令我惊诧，他完全由公民的体质来得出他的所有理由。倘若他回溯到自然人，我们可以断定，他会发现完全不同的结论，他会看到人所遭受的祸害几乎都是人类自己造成的，由此大自然便获得了合理的辩护。而且，我们费了九牛二虎之力才使我们自己变得不幸起来。一方面，我们看到了人类的艰巨劳作：他们彻底弄清了如此多的科学，发明了如此多的技艺，使用了如此多的力量……但是另一方面，假若我们稍稍思考一下所有这些成就给人类的幸福带来的真正好处，我们肯定会奇怪二者是多么不相称，并且哀叹人的盲目。这种盲目使人为了满足他的愚蠢的自豪感和对自己的无法解释的无用赞赏而疯狂地追求他可能遭受的所有苦难，而这些苦难是仁慈的大自然本来有心阻止他遭受的。

现在的人是邪恶的。悲惨的、持续的经验使得证明这点成为多余的。不过，人性本善。我相信我已经证明了这一点。假如不是因为人的体质发生的变化，不是因为他取得的进步和他获得的知识，那么，是什么可以使他堕落到这种程度？你喜欢怎样赞美人类社会就怎样赞美吧！可是在人类社会中，人们的利益越是冲突，他们必然越发彼此仇恨，他们表面上互相帮助，然而实际上对彼此造成难以想象的伤害。在人与人的交往中，每个个体的理性都会给他自己规定一些准则，而这些准则与公共理性对社会成员所规定的准则直接对立，并且，每个人都在别人的不幸中寻找自己的利益。对于这种交往，人们会怎么想？……我们从我们的同类所遭受的损害中寻找自己的利益，一人的损失几乎总是创造了他人的繁荣。但是更危险的是，许多人竟然期待和希望发生公共灾难……

野蛮人填饱肚子后，与大自然和睦相处，并且是他所有同类的朋友。倘若有时出现争夺食物的问题，他肯定会先比较：是战胜对方更困难，还是到别处寻找他的生计更困难，然后才决定是否与对方对打。并且，因为这种搏斗并不牵涉到自尊，所以对打几拳就结束了。战胜者留下来吃东西，战败者到别的地方寻找出路，一切都平息了。但是对于社会中的人而言，这些是完全不同的事情：首要的问题是为自己提供生活必需品，然后为自己提供剩余的东西，接着获得快乐，继而获得无穷的财富、臣民，乃至奴隶。社会的人压根没有休息的时间。最奇异的是，越不是自然的、迫切的需要，社会的人追求它的激情越强烈；更坏的是，社会的人去满足这些欲望和激情的力量在增强。因此，在长期的繁荣之后，在吞没了大量的财富，使无数人悲伤绝望之后，我的英雄最终要毁灭一切，直到他成为全宇宙的唯一主人。这是道德的缩影，如果不是人生的缩影，至少是一切文明人内心的隐秘虚饰的缩影。

……文明人除了他的邪恶、他的需要和他的苦难之外，还给痛苦和死亡打开了新门……大自然因为我们轻视它的教训而使我们付出了沉重的代价。

……

因为奢侈不可能阻止人贪图自己的安乐和受人尊敬，所以它很快使社会的邪恶开始变得全面。在养活穷人的借口下（其实穷人原本不会穷，根本不用富人来养活），富人的奢侈使其余的所有人都变穷了，并且迟早使国家的人口减少。

奢侈是一种比它声称要治愈的邪恶更糟糕的治疗方法。或者，说得更准确一点，在任何国家，无论它是大国还是小国，奢侈本身是所有邪恶中最糟糕的邪恶，并且，为了养活因为维持奢侈而产生的成群的奴仆和可怜人，农民和市民被压榨到破产。

……

从社会及其生产的奢侈中，产生了文艺、工艺、商业，以及能使工业繁荣，使国家富庶和衰亡的那一切无用之物。

科学和艺术
产生于人的腐败和奢侈，
并且反过来加剧腐败和奢侈

心灵有它的需要，正如身体也有它的需要。后者构成了社会的基础，而前者则使社会变得和谐。当政府和法律保护人群的安全和福祉时，科学、文学与艺术因为不那么专制，并且可能更有力量，所以把花冠散铺在人们戴着的枷锁上，扼杀他们对那种原始的自由——人看起来是为这种自由而生的——的感受，使他们喜爱他们的奴隶状态，并且使他们成为所谓的文明民族。需要登上了王座，而科学与艺术则使他们强大。尘世的权力热爱人才，并保护培养人才的那些人！文明民族培养了这些人：快乐的奴隶们，多亏他们，你们才有了你们引以为傲的那种细腻精致的趣味；可爱的性格和高尚的道德使你们之间的关系变得如此融洽和轻松。总之，你们表面上拥有一切德性，然而实际上没有任何一种德性。

……

过去，在艺术还没有塑造我们的风格，没有教会我们的激情用现成的术语讲话之前,我们的品行虽然是粗朴的,不过却是自然的。乍看上去,行为的不同表达了品性的不同。人性根本上没有好转,不过因为人们容易看透彼此,所以可以找到他们的安全感。但是我们今天已不再能感到其价值的这种有利因素使得他们避免了很多罪恶。

今天,当更加精细的研究与更有品位的趣味已经把令人愉悦的艺术简化为一些原则时,我们的品行中流行着一种邪恶、虚伪的规则性,所有人的精神似乎都是在同一个模具中铸造的:礼节不断地发出命令,行为规范也发号施令;我们不断地遵循这些习俗,永远不能遵循我们自己的天资。我们不再敢呈现真实的自我,并且在这种永恒的束缚之下,处于组成我们称之为社会的那种群体之中的人。一旦处在相似的环境之中,就都会以相似的方式行事,除非有更强烈的动机使他们倾向于采取其他方式。因此,我们永远不会真正知道我们是在和谁打交道。要认清自己的朋友,我们必须等到重大时刻,也就是说,要等到不能再等之时,因为只有到了这些关键时刻,认清朋友才重要。

一系列的罪恶必然伴随着这种令人无法把握的局面!不再有真诚的友谊,不再有真实的尊敬,不再有理由充分的信任!怀疑、侮辱、恐惧、冷酷、矜持、仇恨与背叛总是会隐藏在礼仪的这种平滑的、欺骗的面纱后面，隐藏在我们作为我们时代的启蒙的根据的那种被夸耀的温文尔雅后面。我们不再用咒骂来玷污宇宙之主的名字，但是我们用僭越的话来侮辱他，而我们灵敏的耳朵听到这些话并不感到不安。我们并不夸耀我们自己的优点，但是抹杀他人的优点。我们不会粗暴地激怒自己的敌人，但是我们巧妙地诽谤他。民族之间的仇恨将会逐渐消亡，但是对祖国的热爱也会逐渐消失。危险的怀疑主义将取代受人蔑视的无知。有些过分的事被禁止，有些罪恶被认为是羞辱，但是其他罪恶却用德性的名字来做装饰。我们不得不拥有它们或者做作地使用它们。让那些想要那样做的人去赞美这个时代的智者的节制，至于我，我在那里面看到的只是一种精致的放纵，它与他们的那种取巧的淳朴一样不值得我赞赏。

……

堕落是真实的，并且我们的灵魂随着我们的科学和我们的艺术臻于完善而越发腐败。可以说这是我们的时代特有的一种不幸吗？不能！绅士们，我们虚荣的好奇心造成的伤害与这个世界一样古老。夜间照亮我们的那些星球的运行对海水涨落的掌控，也比不上科学和艺术的进步对品行与正直的命运的掌控。随着科学与艺术的光芒在我们的视线中升起，我们看见德性消失了，并且我们在所有时代和所有地方都观察到这种相同的现象。

奢侈、淫逸和奴役在所有时代，都是对我们试图脱离永恒的智慧为我们安排的幸福的无知状态的努力的惩罚……人们啊！你们应该完全知道，大自然想要保护你们远离科学，就像一位母亲要从她孩子手中夺走一件危险的武器；大自然向你们隐藏的所有秘密正是那些她要保护你们远离的罪恶；你们在学识上的困难正是她的最大恩惠。人是邪恶的。倘若他们不幸地生而博学，那他们会更坏。

天文学产生于迷信，雄辩术产生于野心、仇恨、谄媚和撒谎，几何学产生于贪婪，物理学产生于无谓的好奇。所有这一切，甚至伦理学，都产生于人的骄傲。因此，诸种科学与艺术的诞生都归功于我们的罪恶。如果它们的诞生归功于我们的德性，那么，我们就不应该那样怀疑它们的用处。

我们的诸种科学产生于懒惰闲散，它们反过来又加剧懒惰安逸。

滥用时间是一种大恶。不过，随着文学和艺术的发展，其他恶，甚至是更糟糕的恶也随之而来。其中的一种恶是奢侈。奢侈像文学和艺术一样产生于闲暇和虚荣。没有科学和艺术，就几乎不会有奢侈品，而没有奢侈品，就永远不会有科学和艺术。

如果不是才能的差异和贬抑德性所引入的人与人之间的致命的不平等，还有何物会造成所有这一切灾难呢？这是我们所有研究的最显然的结果，是它们的一切结果中最危险的。人们不再问一个人他是否正直，而只询问他是否有才能；不再询问一本书它是否有用，而只询问它写得好不好。人们对于机智不吝奖赏，却没有给德性留下任何荣誉。好的演讲有上千种奖赏，然而良善的行为却没有留下任何奖赏。

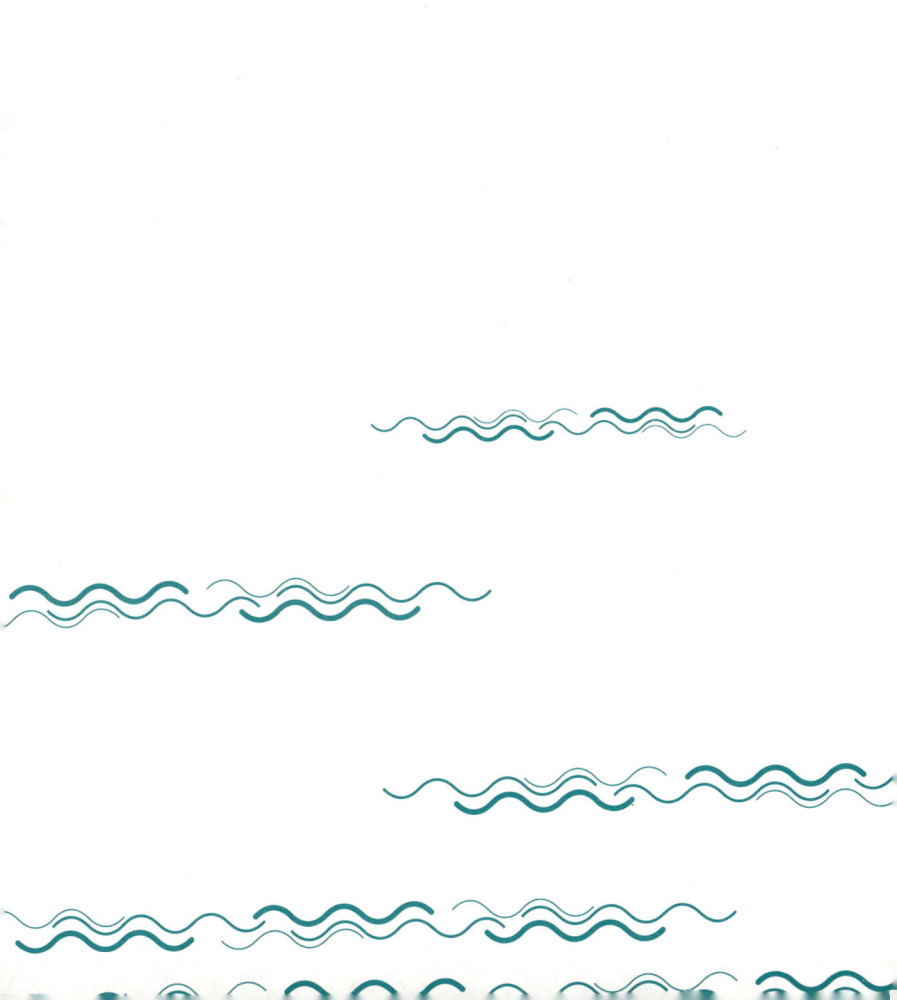

IV

回归真我

自负又变成了自爱,回到了自然的秩序,并且把我从舆论的枷锁中解救出来。

真正的幸福源于我们自身,无人能使那些能够渴望幸福的人真正痛苦。

深陷困厄和不幸

当我沉思我的灵魂在我生命的各种境遇中的意向时，我相当震惊地发现，我的命运的不同阶段与它们使我经常产生的幸福感或不快感完全不一致。我的短暂的繁荣期几乎没给我留下有关它们打动我所采用的亲切永恒的方式的美好记忆。相反，在我一生的所有不幸时刻，我始终感受到自己充满了温柔、感人、愉悦的情感。通过将有益的药膏涂在我破碎的心上，这些情感似乎将我的心灵的痛苦转变成快乐。因此，只有与对我感受到的罪恶的回忆分离，我才会同时重新想起对那些情感的温柔回忆。在我看来，如果我欣赏存在的更多甜蜜，又活得真的够久，那么，我的可以说被命运拉回到我内心的情感并没有被浪费在受人尊敬的那一切对象上，尽管这些对象本身没有什么价值，却是我们认为是幸福的那些人的唯一关注对象。

过去，当我周围的一切井然有序时，当我对我周围的一切和我生活的领域感到满意时，我对这个领域充满了深情。

我的灵魂膨胀，关注的范围不断扩大到其他对象，并且因为我的心灵被各种各样的爱好和眷恋占据，不断地被拖拽到自身之外，所以我甚至好像遗忘了自己。我完全专注于对我来说是陌生的东西。那时，我的心灵处在持续不断的焦虑不安中，我体验到人世沧桑。这种动荡的生活使我内心无法平静，也使我的身体无法休憩。我表面上是幸福的，但是我没有一种情感能够经住反思的考验，能够真正让我快乐。我对他人或自己都完全不满意。动荡喧嚣的世界令我头晕目眩，而孤独又让我厌烦。我需要频繁地搬家。没有一个地方让我感到舒服。不过，我到处受到热情款待、欢迎、接待和关爱。我没有一个敌人，没有人对我不友好，没有人嫉妒我。因为人们想帮助我，所以我自己常常乐于为人效劳。我没有财产，没有工作，没有保护人，也没有发展良好的或广为人知的才能，然而我却享受着伴随这一切东西的那些好处。因此，我在任何地方都没见过生活境况比我的更好的人。要幸福起来，我还缺什么东西呢？我不知道，不过我确实知道我那个时候并不幸福。

今天，我还缺什么才能算是凡人中最悲惨的人？没有任何人能够做任何事，使我成为最悲惨的人。虽然我处于这样糟糕的状态，但是我仍然不会与他们当中最幸运的人交换生命或命运，我宁愿让自己遭受我的这一切苦难，也不愿成为兴旺发达的那些人当中的一员。我孤身一人，靠汲取我自己的养料为食。不过，它不会被耗尽。我可以自给自足，尽管可以说，我在空腹反刍，我那枯萎的想象力和燃烧殆尽的思想再也不能为我的心灵提供滋养。我的灵魂被我的身体器官蒙蔽和阻挡，它日复一日地下沉，并且在这些沉重的物体的重压之下，再也没有足够的精力像从前那样冲出包裹它的苍老身躯。

逆境迫使我们向自己求助，自我反省，这也许是令大多数人最难以忍受它的原因。至于我，我只发现令我自责的缺点。我把它们归咎于我的软弱，并且安慰我自己，因为我内心从未起过预谋干坏事的念头。

除非我是愚蠢的，否则，我怎么能沉思一会儿我的处境，却没有看到自己的处境已经被他们（指百科全书派、教会和巴黎的法官等人）弄得那样可怕，并且没有因为悲伤和绝望而消亡？与此不同的是，我是所有存在者中最敏感的，我沉思我的处境，没有被它打扰，没有挣扎或感到疲劳，我几乎冷漠地看着自己所处的境况，其他人不可能无所畏惧地观看这种境况。

当我第一次怀疑一直以来缠绕我而我却没有察觉的那个

阴谋时，我离这种平和的态度还差得很远。可是我是怎么做到的呢？这个新发现使我不知所措。耻辱和背叛使我措手不及。什么诚实的灵魂能为这种痛苦做好准备呢？一个人应该受这种苦，以便能够预见到它。我陷入他们在我的路上设下的罗网中，我变得愤慨、愤恨、疯狂。我完全迷失了方向。我不知所措。他们一刻不停地使我深陷于可怕的黑暗中，我再也看不到一丝光来指引我，或来支撑我，或让我自己保持稳定，来抵抗要吞噬我的绝望。

我如何能够在这么恐怖的境况中幸福地、宁静地生活？我仍处在这种境况，并且陷入得比以往任何时候都深。但是，我重新找到了安详和和平。在那种境况，我幸福地、宁静地生活。在那种境况，我嘲笑那些白费力气迫害我的人总是不断地给自己带来不可思议的折磨，而我却保持平静，忙于花草、雄蕊以及天真幼稚的东西，甚至连想都没去想他们。

这个转变是怎么形成的？那是自然地、毫无知觉地，无须辛劳地形成的。最初的那份惊讶的确让人害怕。我以为自己值得别人爱戴和尊重，我相信自己是值得尊敬和珍惜的。不过，我突然觉得自己被曲解成一个可怕的、绝无仅有的怪物。并且，我看到整整一代人都不假思索地附和这个奇怪的观点，毫无解释，毫无疑问，毫无羞耻，而且我从来都不能知道这种奇怪的变革的原因。我激烈地挣扎，却只不过让自己更加纠结。我试图让我的迫害者向我做出解释，但是他们完全不理会。在折磨自己很长一段时间却毫无功效之后，我很有必要歇口气。不过，我总是还在希望。我对自己说：如此愚蠢的盲目、如此荒谬的偏见，永远无法赢得整个人类。存在着不会分享这种谵妄的明智之人。存在着憎恶欺诈行为和背信弃义者的正义灵魂。让我去寻找，我也许最终会找到这样一个人；如果我找到他，那么，那些迫害者会被击败。然而，我的努力徒劳无功，我没有找到这个人。这个联盟毫无例外地是普世的，我已经不抱任何希望。我确信我将在这种糟糕透顶的被否决状态中结束我的生命，永远不会洞悉它的奥秘。

摆脱不幸和痛苦

正是在这种可悲的境况中,我在经历了漫长的苦痛之后却并没有陷入我最终似乎命中注定要享受的绝望中,相反,我再次找到了安详、宁静,甚至是幸福,因为我每天都在快乐地回忆往事,因为我不想明天再有别的事。

是什么导致了这种差异?只有一件事:我学会了毫无怨言地忍受必然性的束缚。我曾经仍然强迫自己抓住无数事情,不过现在它们一个接一个地从我身边溜走,我只剩下我自己,我终于回过神来,恢复了镇静。尽管有四面八方的压力,但是我岿然不动,处于平静状态,因为我不再依附任何其他事物,我只依靠我自己。

过去,当我满怀热情地站起来反对别人的意见时,我仍然忍受它的束缚,却并没有注意它的束缚。我们都想被我们所尊敬的人尊敬。只要我能对人,或者至少对某些人,做出有利的判断,他们对我所做的判断就会不可避免地吸引我。我明白公众的判断往往是公平的。但是我不明白:这种公平是偶然的结果;他们的意见所依据的准则只是从他们的激情或作为他们的激情的产物的偏见中得出来的;就算他们判断得很好,这些好的判断仍然经常产生于坏原则。譬如,当他们假装因为一些成功而尊重一个人的功绩时,他们不是出于正义的精神,而是为了显得公正,并且会在其他方面毫不犹豫地诽谤那个人。

可是,经过了漫长却毫无收获的研究之后,我看到他们都无一例外地参与了邪恶的精神所能发明出来的最不公正的、荒谬的系统。我看到,在对待我时,每个人的头脑都缺失理性,每个人的心灵都缺失公平。我看到狂热的一代人完全屈服于自身的盲目愤怒,去攻击一个从未对任何人做过恶、想作恶或使他们变坏的不幸的人。在花了十年时间寻找一个理性的、公正的人却徒劳无功之后,我最终不得不吹熄我的灯笼,喊道:"再也没有这种人了!"这时,我才发现我在世上茕茕孑立,并且我明白,就我而言,我同时代的人只不过是一些机器人,他们只凭冲动行事,我只根据运动定律就可以测算他们的行动。无论是什么意图,无论是什么激情,我认为他们的灵魂永远不会以我能理解的方式来解释他们对待我的行为。因此,他们的内部倾向对我来说不再重要了。我认为他们只是一群随意运动的物体,对我来说完全没有任何道德。

对于降临到我们身上的所有罪恶，我们更关注的是意图，而不是结果。从屋顶上掉下来的一块木瓦会使我们受伤，但是这不会像心怀恶意的人故意扔下石头那样令我们悲痛。打击有时会消失，但是这种意图从不会落空。肉体上的痛苦是我们在命运的打击中感受到的。当不幸的人不知道应该将他们的不幸归咎给谁时，他们会责怪命运，将命运人格化，认为命运长了眼睛，有了心思，存心折磨他们。因此，一个赌徒为自己的损失而烦恼，他异常愤怒，却不知道向谁发泄。他想象命运故意地、无情地折磨他，由此为自己的愤怒找到了出气口，他将满腔的愤怒统统喷向他臆想的这个敌人。但是智者在他所遭遇的一切不幸中只看到盲目的必然性的打击，没有这种疯狂的激动。他在痛苦时会呼喊，但是并没有激动不已，愤怒异常。他是邪恶打击的受害者，不过他只感受到邪恶打击使他遭受的皮肉之苦，因为这些打击只能伤害他的身体，却没法伤害他的心灵。

做到这一点不容易，但这还不是全部问题。如果我们停留于此，我们确实消灭了邪恶，却留下了祸根。因为祸根不在与我们不同的那些人那里，而在我们自身之中。我们必须努力把这祸根完全拔除。这一切是我开始自省的那一刻起所产生的完美感受。在我试图对发生在我身上的一切做出解释时，我的理性只向我展示了这些解释的荒谬可笑。我明白，对我而言是未知和无法解释的一切东西的原因、工具和手段，对我来说应该不重要。我明白，我应该将我的命运的所有细节看作纯粹的宿命行为，我不应该把方向、意图或道德原因归咎于这些行为。我明白，我必须服从命运，不争辩，不挣扎，因为那是无用的。我明白，既然我在世上所要做的一切就是把自己当作一个完全消极被动的人，我不应该徒劳地抵抗命运，耗尽我留着用来忍受它的力量。这就是我对自己说的话。我的理智和我的心灵都默认这一点，但是我仍然感到我的这颗心在抱怨。什么导致这种抱怨？我寻找，就寻见了：抱怨产生于自负，自负使我怨恨他人，然后也反抗理性。

这一发现并不像人们所相信的那么容易，因为一个无辜受迫害的人长期以来把自骄视作对正义的纯粹热爱。然而，一旦真正的源头被知晓，它很容易干涸或者至少改变方向。自尊（self-esteem）是骄傲灵魂的最大动力。在幻想中孕育的自负伪装自己，冒充这种尊重。但是当欺诈行为最终被发现，自负再也无法隐藏时，人们从此不再畏惧它；尽管我们很难扼杀它，我们至少很容易克服它。

我从来都没有太多的自负，但是当我在社会中时，特别是当我是一名作家时，这种人为的激情在我内心膨胀起来。我当时的自负可能比其他人的少，但是我所拥有的自负也是相当惊人的。我遭受的惨痛教训很快将它束缚在它以前的界限中。自负以反抗不公正开始，但是以蔑视不公正终结。通过返回我的灵魂，切断使自负成为必需的外在关系；通过放弃比较和偏好，满足于我自己眼中看到的我的善。然后，自负又变成了自爱，回到了自然的秩序，并且把我从舆论的枷锁中解救出来。

幸福的原因：克服自负或虚荣

从那一刻起，我再次找到了心灵的平静，甚至是接近幸福。无论我们自己身处何种境遇，只要有自负，我们总是不幸福。当它安静下来，理性开始发令时，理性最终会为我们无法避免的所有罪恶安慰我们。只要罪恶不会立即影响我们，理性就能消灭它们；因为一旦我们不再专注于它们，我们一定能避免它们的最沉痛的打击。对于不考虑它们的人来说，它们无关紧要，什么都不是。一个人在自己所忍受的罪恶中只看到罪恶本身，没有看到任何意图，或者一个人在自己心目中的地位并不取决于别人愿意给予他的地位。对于这个人而言，罪行、报复行为、轻视、侮辱、不公正都无关紧要，什么都不是。无论人们怎样看我，他们都不能改变我的生命；无论他们的力量和他们的所有阴谋诡计怎么样，我将继续保持我的本色不变，不管他们会做什么，也不管他们如何阻拦。人们对待我的方式确实影响我的实际状况。他们在他们和我之间设置的障碍剥夺了我暮年和困难之时所依赖的一切生活来源和救助来源。这个障碍甚至使我没法使用钱，因为它不能为我提供必要的服务。他们和我之间不再有相互交流和帮助，不再有任何通信。我在他们中间是孤立的，我自己是我的唯一的生活来源，并且就我这个年纪和我的现状而言，这种来源是非常微薄、脆弱的。这些恶行滔天，但是对我来说它们已经失去了所有力量，因为我已经学会如何忍受它们却毫不恼怒。能够感觉到真正需要的时候总是稀少的。预见和想象增加了我们的痛苦，并且随着这些感受继续增加，我们担心自己，并且使自己不幸福。至于我，我知道我明天会受苦，但是这无关紧要；要想平静下来，我今天不受苦就够了。我不受我所预见的邪恶的影响，而只受我所感受到的邪恶的影响，这大大地限制了邪恶的作用。我现在被遗弃，独自一人，病倒在床。我会在那里忍受贫穷、寒冷和饥饿，无人关心问候。不过，倘若我自己都不在乎，倘若对我自己的命运，我像别人一样丝毫不受到影响，这些经历又有什么关系呢？学会对生与死、疾病与健康、贫穷与富裕、荣耀与耻辱一律采取漠视的态度，尤其是在我这个年纪，这难道不是一件重要的事吗？所有其他老人喜欢什么都操心，而我却无忧无虑。无论发生何事，我都漠不关心。这种漠不关心并非我的智慧的结果。它拜我的敌人所赐。因此，让我学会接受这些好处，作为他们对我所做的坏事的补偿。他们使我对逆境麻木不仁，因而他们对我做的比他们不让我受逆境打击要好。在没有经历逆境时，我可能总是害怕它；相反，通过克服它，我不再害怕它。

尽管有很多事情妨碍我的生活，但是这种性情几乎使我达到了我天性的无忧无虑的境界，好像我活得异常富裕一样。除了一些短暂的时刻，我会触景生情地回忆起令我最痛苦的忧虑之外，其余的时间，我都沉醉在吸引我的那些情感中，为我的心灵而生的情绪哺育我的心灵，并且，我可以与那些被虚构出来的同样生产和分享这些情感的人一起享受这些情感，仿佛这些人真的存在一样。我创造了他们，他们为我而存在，我不担心他们会背叛或抛弃我。只要我的不幸没有根除，他们就不会消失，并且他们足以使我忘记我的不幸。

现在所有的一切都让我回到了我为之而生的这种幸福甜蜜的生活。我的生命的四分之三的时间是这样度过的：我的思想和感官尽情地沉浸在富有教益的甚至是令人愉快的事情上；或者我把时间花在我虚构出的孩子身上，他们是我根据自己的心意创造的，他们的陪伴维系着我的情感；或者我独处于世，非常满足，心中充满了我自认为应该得到的幸福感。所有这一切都是自爱的功劳，与自负毫无关系。但是在我在人群中度过的那些悲伤时刻，情况却并非如此。我成了他们施展奸诈的奉承、夸夸其谈的嘲笑以及口蜜腹剑的玩物。在这种情况下，不管我做什么，自负都会发挥作用。我看出了他们内心拙劣伪装背后的仇恨和敌意，这种仇恨和敌意使我悲伤心碎。并且，当我想到我如此愚蠢地被他们欺骗时，我在痛苦之余又增添了一种幼稚的怨恨。这是一种愚蠢的自负的结果。我感觉它完全是愚蠢的，但是我无法克服。我为了坦然面对这些粗野的、嘲弄的表情而付出的努力是难以置信的。我无数次走过公共的散步小路，经过人们频繁光顾的地方，这样做的唯一目的是让我自己习惯那些残酷的嘲弄。不过，我非但没有成功，也没有取得任何进展。我付出的努力是痛苦的，却毫无功效，我仍然像从前一样容易焦虑、悲伤和愤怒。

摆脱外界的影响

我受感官控制，不论我做什么，我都不能抗拒它们的冲动。只要一个对象作用于我的感官，我的心灵必定会受影响。但是这种情感不会一直持续下去，而会随着促成它的感觉逝去而逝去。一个可恨的人在场，我会深受影响，但是一旦他消失，这种影响就停止了。当我不再见到他时，我就不再想起他。我知道他会注意我，这无关紧要，我不能注意他。我此刻感受不到的邪恶绝不会影响我，我没有看见的迫害者对我来说什么也不是，毫无作用。我意识到我的这种观点给造成我的命运的那些人带来的好处。不过，那就让他们随便怎样支配我的命运去吧！我宁愿不抵抗，听任他们折磨我，也不想为了避免遭受他们打击而时刻惦记着他们。

我的感官影响我心灵的方式构成了我生命的唯一痛苦。那些日子，我没见任何人，我就不再思考我的命运，不再感觉到它，不再痛苦；我快乐，感到满足，没有什么东西令我分心，也没有什么障碍。但是我很少能逃脱任何可察觉到的轻视和冷落；并且，当我最意想不到之时，我察觉到的一个手势、一道险恶的目光，我听到的一个恶毒的词，我遇到的一个不友善的人，都足以令我不知所措。在这种情况下，我所能做的只是飞快地忘却和逃离。但是一旦我独处，我心中的烦恼就随着引起它的东西消失了，我恢复了平静。或者，如果说有什么东西令我担心的话，那就是害怕在路途中遭遇使我产生悲伤的新事物。那是我唯一的痛苦，不过它足以改变我的幸福。我居住在巴黎市中心，当我离家出门时，我渴望乡村和孤独。不过，我必须走很长一段时间去寻找乡村和孤独，以至于在我可以轻松自在地呼吸之前，我会在路上发现千万种束缚我心灵的东西，我一天当中的大部分时间在痛苦中度过之后，我才达到我寻求的避难所。当它们让我到达目的地时，我至少会很高兴。我摆脱这些邪恶的东西尾随的那一刻是非常高兴的；一旦我发现自己在树荫下和绿树丛中，我就相信我在尘世的天堂里，并且我内心享受着快乐，仿佛我是道德上最幸福的人。

我清楚地记得，在我的短暂的繁荣时期，这些对今天的我来说是如此令人愉快的孤独的散步在当时是乏味、无聊的。那时，我住在乡下别人家里，为了锻炼身体和呼吸新鲜空气，我经常独自外出；并且，我像小偷一样偷偷溜走，会去公园或乡村散步。但是我非但没有在那里找到我今天享受到的那种快乐的平静，反而要忍受在客厅里就已经充斥着我的脑海的那些虚妄想法的干扰。我对人群留下的记忆使我陷入了孤独。自负发出的迷雾和世界的喧嚣使得树林的宁静清新显得沉闷，扰乱了隐居的宁静。我逃到树林深处也无济于事；到处都有一群人纠缠不休地跟着我，把大自然的一切都给我蒙上了面纱，使我无法观赏它。只有摆脱了社交的激情及其令人伤悲的尾随纠缠之后，我才重新发现了大自然的全部魅力。

在我相信我并不能抑制这些无意识的最初冲动之后，我放弃了去这样做的一切努力。每当它发作时，我听任我的血液沸腾。我听任怒气和愤慨控制我的诸感官。我顺从自然，听凭我的所有力量，既不能停止、也不能拖延的自然性情首次爆发。我只想在它产生任何效果之前阻止它的后果。我的眼睛闪烁、面颊红肿、四肢颤抖、心跳加快，所有这一切都是纯粹的生理变化，与理性毫不相干。但是在我们的自然性情首次爆发之后，当我们一点一点地恢复感官知觉时，我们可以再次成为我们自己的主人。那是我很长一段时间都没有成功尝试，最终只能凭运气的事情。我不再徒劳地抵抗，耗尽我的力量，相反我等待那一刻，那时，让我的理性行动，我就可以征服它，因为理性只有在能使我听见它的话时，才会对我说话。唉！我在说什么，我的理性！我将这次胜利归功于它是大错特错的，因为它在这一切中几乎没有发挥任何作用。当易变的性情被浮躁的风激怒时，一切都会变成一样的，浮躁、狂怒，但是一旦停止刮风，一切又会变得平静。我热情的天性使我恼火，我懒惰的天性使我平静。我屈服于当前的所有冲动，每次冲突都会使我产生一个强烈而短暂的行动。冲突一平息，这种行动就停止了。从外面传来的任何东西都不能在我心中延续。命运的所有意外事故、人的所有计谋圈套都无法掌控这样构造的人。要用持久的痛苦来影响我，必须每时每刻都更新这种冲动。因为，倘若有时间的间隔，不论它多么短暂，它都会足以使我返回到我自身，恢复我的本性。只要人们能够影响我的感官，我就会变成他们所希望的那种人。但是只要这种影响一暂停，我会重新变成大自然要我成为的那种人。不管他们做什么，这是我的始终不变的状态，并且，因为这，无论我的命运如何，我都品尝到我认为我生来应该享受的幸福。我曾在我的一篇遐想中描述过这种状态（指后文摘录的第五个沉思的内容——引者注）。它如此适合我，以至于，我只期望它持续下去，别无他求，并且只害怕看见它受到扰乱。人们已经对我做的坏事根本没有困扰我，只有对他们将要对我做的坏事的恐惧才能扰乱我。但是，因为我确信他们没有其他新把柄以至于他们可以用一种持久的情感影响我，所以，我嘲笑他们的所有阴谋伎俩，并且不管他们用什么阴谋伎俩，我都自得其乐。

对比理想的世界与我们的世界

想象一个与我们的世界相似但又完全不同的理想世界。那里的大自然与我们地球上的一样,不过它的经济状况更容易被感受,它的秩序更明显,它的面貌更令人钦佩。那里的形式更优雅,色彩更生动,气味更甜美,所有物体都更有趣。那里的整个大自然是如此美丽,以至于沉思它,就会用对如此动人的画面的爱点燃灵魂,使得灵魂渴望为这个美丽的系统做出贡献,并且担忧扰乱它的和谐。由此而产生的是一种精致的敏感,它给予那些有幸生活在那个世界之中的人一种心灵不知道且沉思同样没有产生过的直接享受。

在那里如同在这里一样,激情是一切行动的动力,不过,在那里,它们更活泼、更热情,或者更简单、更纯粹,因此呈现出完全不同的品质。自然的所有最初的运动都是良善的、正确的。它们的目标是尽可能直接指向我们的生存和幸福。不过,很快,由于有如此多的阻力,它们失去了保持原来方向的力量,任由千道障碍物支配,这些障碍物使它们偏离了它们的真正目标，使它们走上了邪路。在这条路上，人遗忘了自己原来的目的地。错误的判断和偏见的力量严重地误导了我们。但是，这种影响主要来自灵魂的软弱。毫不费力地跟随自然的冲动的灵魂在与障碍物碰撞时发生了偏转，就像球走反射角一样。不过，以更大的精力追求它的轨迹的东西却不会发生偏转，而是像炮弹一样把障碍物推开，或者被摧毁，落在地上。

我所说的理想世界的居民非常有幸地获得了天性的支持，从天性赋予我们所有人的那种快乐的视角看，他们更依恋天性，并且仅仅因为这，他们的灵魂永远保持它的本来面目。原始的激情都直接倾向于我们的幸福，使我们把注意力集中在与它相关的事物上，并且因为它们只有自爱这个原则，所以它们本质上是充满爱和温柔的。不过，当它们因为障碍物而偏离了目标时，它们会专注于清除障碍物，而不是到达目标，接着，它们会改变天性，变得暴躁和可恨。由此，本来是一种良善的、绝对的情感的自爱变成了自负。自负可以说是一种相对的情感，人们通过它来进行比较；自负这种情感有偏好，自负的享受纯粹是负面的，它不在我们自己的收益中，而是在别人的损害中寻求满足。

在人类社会中，一旦它产生的大量激情和偏见误导了人,并且它积聚的障碍使他偏离了我们的生活的真正目标,那么,智慧之人就会被别人的激情与自己的激情之间的不断碰撞摧残,再也不能从引导他误入歧途的众多方向中分辨出会正确引导他的那个方向。此时,他的唯一方法是,尽可能从人群中抽身出来,无论身在何处都耐心地待在那里,并且坚信,不采取任何行动,他至少可以避免仓促地自我毁灭或犯新的错误。因为他在人们的骚动中只看到他想避免的疯狂,所以,他更同情他们的盲目,而不是憎恨他们的恶毒,他并不担心以恶报恶,以牙还牙。虽然他有时试图阻止敌人的进攻,但是他这样做并没有试图报复,也没有激起他反抗他们的激情,他既不离开他的位置,也不离开他希望保持的平和宁静。

我们的居民按照不那么深刻的观点,通过相反的路线达到了几乎相同的目标,并且正是他们的热情维持着他们的不作为。他们所向往的天国具有吸引他们的心灵的力量。凭借该力量,天国成为他们的第一需要,并且迫使他们不停地集中和引导他们的灵魂的所有力量到达天国。阻碍他们前进的障碍不能使他们暂时忘记。这就是他们在对实现自己所有愿望的唯一目标感到绝望时对其他一切东西极度厌恶并且完全无所作为的原因。

这种差异不仅来自激情的种类，也来自它们的力量，因为强烈的激情不能像其他激情一样被误导。两个恋人，一个非常痴情，另一个相当冷漠，但是他们同样会被对手激怒，一个是因为他的爱，另一个是因为他的自负。不过，很可能发生的是，后者的仇恨已经成为他的主要激情，将超过他的爱，并且甚至在那种爱死后继续增长；而前者恨只是因为他爱，他会停止恨他的对手，只要他不再害怕他。现在，如果软弱的、冷漠的灵魂更容易受仇恨这种次要的、迷失的激情影响，如果伟大的、强壮的灵魂保持它们原来的方向，更好地保存直接从自爱中产生的温和、原始的激情，那么，你会看到，在另一个世界的居民那里，与在这里撕裂不幸的人类的激情截然不同的激情，是如何从诸种能力的巨大力量以及被更好地感受到的一种原始关系中产生的。也许那些地区的人并不比我们周围的人更有德性，但是他们懂得如何更好地热爱那里的美德。自然的真正倾向都是良善的，那里的人都顺服它们，所以，那里的人本身都是良善的。我们当中的美德往往需要与自然战斗，并且征服它，而他们很少能够付出这样的努力。长期不熟悉、抵抗甚至会削弱他们的灵魂，使他们因软弱、恐惧或需要而作恶。他们不能免于过失或恶习。即使犯罪对他们来说也不是格格不入的，因为在一些可悲的情况下，最高的美德几乎不足以防范它，并且迫使弱者不顾自己的内心去做坏事。但是他们根本不知道伤害的明确意愿、仇恨、嫉妒、卑鄙、背叛、欺骗。我们在那里经常看到有罪的人，但是从没有看到过邪恶的人。最后，就算他们不比这里的人更有德性，他们至少不会对别人不怀好意，哪怕只是因为他们知道如何更好地爱自己。

他们也不那么活跃，或者说得更好一点，不那么不安。他们为得到他们思考的那个东西所做的尝试包括大力推进。但是一旦他们感觉到自己的无能，他们就会停止，也不会在触手可及的范围内去寻找与唯一能吸引他们的那个独特对象等价的东西。

因为他们不追求外表上的幸福，而是追求在亲密的情感中的幸福，所以他们很少花费精力去尝试摆脱命运给他们安排的地位。他们几乎不寻求往上爬，而是会毫不反感地下沉到更符合他们的口味的人际关系中，因为他们非常清楚，最幸福的状态不是最受人尊敬的状态，而是最心满意足的状态。偏见对他们的影响微乎其微，舆论不会引导他们，并且，当他们感受到舆论的影响时，被征服的不是他们，而是那些影响他们命运的人。

他们虽然喜欢感性的、舒适的生活，却轻视富贵，并不做任何事情去获取富贵，因为他们对享受的艺术了如指掌，所以非常清楚真正的享受是用金钱买不来的。至于富人们能做的善事，他们也知道，做善事的不是人，而是他的财富；如果财富被分配给许多人，或者更确切地说，被这种分配消灭，那么，也许没有这个富人，财富会做得更好。一个有钱人认为他凭借他的财富能做的一切善事，也难以补偿他为了获得财富而必须做的真正的坏事。此外，由于他们爱他们的自由甚于爱他们的舒适，他们也会害怕不得不用财富购买这些东西，哪怕仅仅是因为与保护自由有关的依赖性和复杂性。富裕必然导致的恶果比它带给他们的甜蜜享受多得多。占有的痛苦会毒害他们享受占有的一切乐趣。

于是，因为他们在所有方面被天性和理性束缚，所以，他们停下脚步，终生享受生活，每天做对自己是好的、对他人是有益的事情，根本不考虑人们的评价和舆论的反复无常。

真正的幸福在于只感到自己的存在的境界

在漫长人生的沧桑变化中，我发现，拥有最甜蜜的享受和最强烈的快乐的时期不是对人生的回忆中最令我着迷、最令我感动的那些时期。无论狂热和激情的那些短暂时刻多么热烈，它们恰恰因为它们自身的强度而只是人生道路上的一些零散的点。它们数量稀少，稍纵即逝，不能构成存在的状态。我内心渴望的幸福绝对不是由一些转瞬即逝的片刻组成，而是一种单纯的、持久的状态。该状态本身并不强烈，然而它的持久性增加了它的魅力，我最终在它那里找到了至高无上的幸福。

世间的一切都处在不断的流变之中，世间的一切没有能保持持久的、静止的形式。我们的感受依赖外物，因而也必然像它们一样流逝和变易。它们不是走在我们前头，就是落在我们后面。它们回顾已不复存在的过去或者预言经常不会存在的未来。因此，在人世间我们只有短暂的快乐。我怀疑这世上是否真的有为人所知的持久幸福。在我们的最强烈的欢乐之中，几乎不存在一个瞬间，我们的心可以真诚地对我们说："我希望这一瞬间永远持续下去。"这些转瞬即逝的状态使我们的心灵焦虑不安、空虚无力、瞻前顾后，我们如何能够将这种状态叫作幸福呢？

不过，如果存在这样一种状态，灵魂无须回首过往、期待未来，就能找到可以完全将其整个存在寄托和投入其中的坚固基石，而且时间对它不管用，当下将永远持续下去却不会被人察觉，没有时间流逝的痕迹，并且，没有匮乏感，没有满足、快乐或痛苦、渴望或畏惧的感受，而只感到我们自己的存在，并且只有这个感受完全充实这种状态，只要这种状态持续下去，发现自己处于这种状态的人就可以说自己是幸福的。这种幸福不是一种不完美的、贫乏的、相对的幸福，像我们在生活乐趣中所发现的那样，而是一种不会给灵魂留下任何需要填补的空虚的、丰足的、完美的、绝对的幸福。当我在圣·皮埃尔岛（St. Peter's Island）上，或躺在我的小船上随波漂流，或坐在水波荡漾的湖畔，或在同鹅卵石喃喃细语的美丽河流或小溪边独自遐思时，我就经常发现自己处于这样的状态。

在这样一种处境，我们会享受到什么呢？不是外在于我们的任何东西，而只是我们自己和我们自己的存在。只要这种状态持续下去，我们就像上帝一样自足。剥去了任何其他情绪的这种存在感本身就是一种珍贵的满足感和安宁感。所有感性的和尘世的影响不断地令我们分心，使我们忧虑尘世的存在的甜蜜性。但是任何能摆脱这些影响的人都会感到这种存在是宝贵的、甜蜜的。不过，大多数人不断为各种激情困扰，不熟悉这种状态，并且只在稀有的时刻不那么完整地体验过这种状态，所以他们只保留了有关它的模糊不清的观念，这使得他们难以感受到它的魅力。因为渴望这种令人着迷的甜蜜，他们厌恶积极主动的生活，而他们的不断出现的需要会将这种生活规定为他们的义务。依据当前的社会秩序，他们的这种做法是不好的。但是被排除在人类社会之外，并且不能在人间为他人或自己做任何有用的事的不幸者会在这种状态中寻求补偿人的所有幸福，而命运和任何人都不能剥夺给予他们的这种补偿。

这种补偿确实不是所有人都能感受到的，也不能在所有情况下都能被感受到。为此，心灵必须安静，没有任何激情扰乱它的平静。体验到它们的人必须对它们有意，如同周围的物体的连接必须是有意的一样。所需要的既不是绝对的平静，也不是过多的焦虑，而是一种既没有颠簸，也没有间隔的均匀的、平和的运动。没有运动，生命就没有精神和活力。如果运动不规则或者太强烈，它会使我们觉醒。它使我们注意周围的对象，由此毁坏了遐思的魅力，使我们远离内心，又使我们重新成为命运和他人的笑柄，使我们重新感受我们的厄运。绝对的沉默导致哀伤。它给出了死亡的形象。所以，欢快的想象的帮助是必需的，并且会自然来到上天所眷顾的那些人那里。于是并非来自外部的运动在我们自己内心发生。当那些愉快、甜蜜的思想掠过灵魂的表面而不扰乱它的深处时，心中的宁静虽然少很多，但是更令人快乐。我们只需要足够的观念，就可以记住我们自己的自我，忘记我们的所有困难。只要我们能安静下来，我们就可以享受这种遐思。我常常认为，在巴士底狱，甚至在见不到任何对象的单人牢房里，我仍然可以快乐地做梦。

我原来计划描述我的灵魂所处的惯常状态，芸芸众生会发现自己总是处于这种状态。我发现实施这项计划的最简单、最可靠的方法是，忠实地记录我孤独地散步以及在散步时脑海中充斥的遐想。在散步遐想时，我的心灵是完全自由的，我的思想自然流淌，无拘无束。在一日中，只有在独处和冥思的这些时刻，我完全是自由自在的，此时，没有分心，无拘无束，我真的可以说是自然想要我成为的那种人了。

不过，我很快察觉我实施这个计划已经太晚了。在沉思吸引想象力的对象时，我的想象力已经不再像过去那样生动活跃。我很少沉醉在极度兴奋的遐思状态。在想象力的产物中，回忆的东西要多于新创造的东西。冷淡的慵懒弱化了我的所有能力。我生活的精神逐渐消逝。我的灵魂要费劲才能从包裹它的腐朽躯壳中解脱出来。因为我感觉我有权利达到那种状态，所以我才梦想达到那种状态。倘若我对达到那种状态不怀有希望，那么，我只能生活在回忆当中。因此，为了在我去世前反思我自己，我必须追溯到几年前。那时，因为我已经丧失了俗世的一切希望，不再在尘世为自己的心灵寻找食粮，我逐渐习惯用心灵自身的东西来喂养它，并且在我自身之中寻找它的滋养品。

尽管我思考这个源泉时已经太迟了，但是它如此富有成效，以至于它很快足以补偿一切。转向内心的习惯最终使我停止感受，乃至几乎停止回忆我所受的痛苦。由我的亲身经历，我懂得：真正的幸福源于我们自身，无人能使那些能够渴望幸福的人真正痛苦。有四五年时间，我习惯品尝慈爱且温柔的灵魂在沉思中发现的那些内在的乐趣。我有时在孤独的散步途中体验到的那些欣喜时刻和那些陶醉状态，是拜我的迫害者所赐的乐趣。没有他们，我永远不会发现或认识到我身藏的这些宝藏。置身如此多宝藏中，我如何忠实地记录它们呢？因为要重温如此多的甜美遐思，所以，我不是在描述它们，而是又沉醉其中了。不过，这种状态因为回忆而被想起，一旦我们完全感受不到它，我们很快就不能觉察到它。

让我们别去追求逃避我们的名誉，在目前的情况下，哪怕我们有资格获得这种荣誉，我们也得不偿失。如果我们可以在我们自身之中找到幸福，那么，在别人的意见中寻求我们的幸福又有什么好处呢？让我们将关注教诲人民尽自己义务的任务留给别人吧，我们只管履行好我们自己的义务，我们不需要知道得更多。

幸福是一种永恒的状态，它似乎不是为尘世的人造的。人世间的一切都在不断地变化，不允许任何东西呈现不变的形式。我们身边的一切都在变化，我们自己也在变化，没有人能够确信他明天还喜欢他今天喜欢的东西。所以，我们想今生幸福的全部计划只是空想。当我们获得精神的满足时，让我们好好地享受它！不要因为自己的过错而把它赶走，也不要制订任何留住它的计划，因为这些计划极其愚蠢。我很少见过幸福的人，或许根本没有见过。

不过，我经常见到心满意足的人。在给我留下深刻印象的所有对象中，这种心满意足的人最让我满意。我相信那是我的感受控制我的内在情感力量的自然结果。幸福没有外部标志。要认识它就必须洞察那些幸福的人的内心。不过，我们可以在一个人的眼神、举止、话语和行走方式中读出这种满足。当你看到整个人群在节日里欢欣快乐，每颗心增强的快乐光芒迅速、强烈地冲破生活的阴影，还有比这更甜蜜的享受吗？

V

自然教育

遵循自然,并且沿着它为你绘制的路线走。

怜悯是甜蜜的,而嫉妒是痛苦的。

三种教育

我们出生时是软弱的,所以我们需要力量;我们出生时是一无所有的,所以我们需要帮助;我们出生时是愚蠢的,所以我们需要判断。我们在出生时没有,而在长大时需要的一切全都是教育给予我们的。我们所受的这种教育或来自自然,或来自人,或来自事物。我们的能力和器官的内在发展是自然的教育,我们被教导如何利用这种发展是人的教育,我们从影响我们的事物的经验中获得知识是事物的教育。因此,我们每个人都是由三种教师培养的。如果在学生身上,这三种教师的不同教训是彼此冲突的,那么,他所受的教育很糟糕,并且他绝不会对自己感到满意。只有在这个学生身上,这三种教师的观点一致,趋向相同的目的,这个学生才会达到他的目标,而且才会始终如一地生活。这样他才算是受过很好的教育。现在,在这三种不同的教育中,来自自然的教育不由我们控制,来自事物的教育只是在某些方面被我们控制,只有来自人的教育才是我们唯一真正能够控制的教育。不过，对于来自于人的教育，我们是它的主人，这也只不过是假设。因为，谁能完全希望引导一个孩子周围的所有人的言行呢？因此，教育确实只是与自然天性一致的习惯。因为，它要成功所必需的这三种教育的结合并不在任何人的掌控之中。一个人所能做的就是凭借谨小慎微或多或少地接近目标，但是达到目标需要运气。

那个目标是什么呢？它与自然的目标是完全相同的。这是刚刚被证明了的。既然这三种教育的结合必须是至善至美的，那么，我们必须使其中的两种教育指向我们无力控制的第三种教育。不过，"自然"这个词的意义可能过于含糊。在此，我们必须尝试确定它的意义。

人们告诉我们，自然只是习惯。那是什么意思呢？难道没有一些强制养成却永不消灭自然本性的习惯吗？譬如，被阻碍着不让垂直生长的植物的习惯就属于这一类。如果它被释放，那么它保持被强制接受的倾向。不过，它的汁液并不因此改变它原初的方向，而且，如果这种植物继续成长，它的新长的部分又会垂直生长。人的习性也是如此。只要人还处在相同的境况，他会保持由习惯产生的习性，尽管这些习性对我们而言是最不自然的。但是一旦形势有变，习惯终止，自然习性就会恢复过来。教育确实只是习惯。

现在，难道没有人遗忘和丢失了他们所受的教育？难道没有其他人保持了他们所受的教育？这种差别产生自哪里？如果把"自然"这个名称限定于与自然天性一致的习惯，那么，我们就不用这样多费口舌。

人的第一次出生之后所进行的
自然的、消极的教育

在自然秩序中,既然所有人都是平等的,他们的共同天职是成人,并且不管是谁,只要他在那个天职方面受到了很好的教育,他就必然会完成与那个天职相关的那些事业。我的学生注定在军队,在教会,或在酒吧工作。我不在乎这些。在他父母的呼召之前,是大自然叫他活出人的生命的呼召。生活下去是我要教导他的工作。我承认,在离开我的管教时,他既不会是文官,也不会是战士,也不会是牧师。他首先是一个人。在需要时,他像其他人一样知道如何拥有一个人应该拥有的一切。尽管命运会尽其所能改变他的地位,但是他总是处在他的地位上……

我们的真正研究是对人的状态的研究。在我看来,在我们这些人中间,谁最知道如何忍受此生的善事和罪恶,谁就受到了最好的教育。由此可以得出结论:大自然要求儿童在成人之前必须有儿童的样子。

……

人们只想到保护他们的孩子。那是不够的。人们应该教导他作为一个人应该如何保护他自己，如何承受命运的打击，如何勇敢面对富裕和贫穷，教导他如何能够在冰冷的冰岛或马耳他岛的灼热岩石上生活，如果他必须在那里生活的话……问题不在于防止他死亡，而在于让他生活下去。生活下去并不只是进行呼吸，还要采取行动，还要使用我们的器官、我们的感官、我们的能力，以及使我们感受到自己的存在的我们的所有部分。生活得最好的人不是活得最长久的人，而是对生活最有感受的人……

我们的所有智慧都是奴性的偏见。我们的所有实践都只是征服、阻碍和限制。文明人生于奴隶状态，死于奴隶状态。他一出生就被包裹在襁褓中，他一死就被钉在棺材里。只要他保持他的人样，他就受我们的制度约束。

遵循自然，并且沿着它为你绘制的路线走。它不停地锻炼孩子……通过了这些测试，孩子就获得了力量。一旦他可以使用自己的生命，他的生命的原则就会变得更合理可靠。

我的方法是自然的方法。

教育随着生命而开始，孩子在出生之时已经是一名学生，不过不是学校老师的学生，而是大自然的学生。学校老师只是在这位第一导师的领导下进行研究，防止大自然的关注受到反对。

大自然要求儿童在成人之前必须有儿童的样子。如果我们想要扰乱这种秩序,我们会生产出一些早熟的果实。它们长得不成熟、乏味,并且很快会腐烂。我们会拥有年纪轻轻的博士和老气横秋的儿童。儿童有其特有的观察、思想和感受的方式,没有什么比想用我们的方式来代替他们来得更不明智。

大自然的教导进行得较晚和缓慢,而人的教导几乎总是太早。在前一种情况下,感官唤起想象;在后一种情况下,想象唤起感官,它使它们过早地开始活动,这必然会首先使个体弱化和衰颓,最终使整个种族弱化和衰颓。

你要按照你的学生的年龄来对待你的学生。

我们把"本性的最初冲动总是正确的"这一点作为不可争辩的准则。在人心中并没有什么原初的恶。在人心中发现的任何一个恶念,我们都能说出它以何种方式,由什么地方进入人心中。人天然具有的唯一激情是自爱,或广义上的自负。这种自负对它本身或对我们而言都是好的、有用的。并且,因为它与他人没有必然的联系,就此方面而言,它自然是中立的,它变好或变坏只取决于我们怎样运用它和使它具有何种关系。当自负的引导者,即理性可以产生时,对孩子而言，重要的是，不要因为别人在看他或听到他才做任何事，一句话，他做任何事情，都不是因为他与别人的关系。他必然只回应自然天性对他的要求，于是，他所做的都是好事。

……

我敢不敢陈述所有教育的最伟大的、最重要的和最有用的法则呢？该法则是：不应该争取时间，而应该将时间白白浪费掉……在孩子的灵魂的所有能力没有发展之前，不应当让孩子自行处置他们自己的灵魂，因为他们的灵魂是盲目的，不能追随理性在广阔的思想平原上描绘出的那条道路，那条道路的痕迹是如此的模糊，哪怕最好的眼睛也看不清。因此，最初的教育应当是纯粹消极的。它根本不在于教授美德和真理，而在于防止心灵沾染罪恶，防止精神产生谬误……开始之时，你什么都不做，你反而会创造一个教育奇迹。

好的教育应该是纯粹消极的，教育不是做，而是防止，真正的老师是自然天性，其他的老师只是为了排除妨碍成长的障碍，甚至错误也只随着邪恶而来临，而好的判断则来自于善良的心。儿童教育只不过是使儿童形成好的习惯。一个孩子长到十二岁，身心健康，没有堕入懒惰和养成恶习，在两三年内，在学习方面，取得的真正进展比被强迫学习的同龄人要大，被强迫学习的人从来都不会有兴趣。

倘若正如我相信我已经证明的那样，人的本性是良善的，那么，由此可知，只要没有外在的东西使他变坏，他就会保持他的良善。倘若人群是邪恶的，那么由此可知，人群的邪恶来自别处。因此，关闭通往邪恶的入口，人心就会总是良善的。依据这个原则，我把否定的、消极的教育确立为最好的或者说唯一好的教育方式。我展示了所有肯定的、积极的教育，无论它追求什么，都走上了与它的目的相悖的道路。并且我也展示了，通过采取我已经描绘出来的道路，人们会朝向相同的目的，并且会实现这个目的。

我所说的肯定的、积极的教育倾向于在孩子成熟之前，塑造他们的心智，将有关人的义务的知识传与孩子。我所说的否定的、消极的教育倾向于在将这些知识传授给孩子之前，完善身体器官这个我们学习知识所凭借的工具，并通过训练感官来为理性做准备。否定的、消极的教育根本不是懈怠、混时间。它确实没有生产德性，但是它阻止邪恶。它并没有教导真理，但是它防止错误。它为儿童准备了一切。当他能够理解真理时，这些东西会引导他走向真理，并且当他能够热爱良善时，这些东西会引导他走向良善。

大自然的创造者在将这种积极主动的原则赋予孩子的同时，又让他们没什么力气去肆意使用它，小心翼翼地防止它造成什么伤害。但是一旦孩子将他们周围的人当作工具，依赖这些人去活动，那么，他们就会利用那些人去追随自己的欲望，弥补他们自己的弱点。那就是他们变得难以取悦、暴虐、专横、邪恶、无法控制的方式。这种发展并不是产生自一种天生的统治他人的精神，相反，是这种发展赋予他们这种精神，因为，不需要长久的经验，他们就会感觉到，借他人之手行事，自己只需动动嘴就能使宇宙运动，这是多么令人快乐啊。

在成长时，我们获得了力量，变得较少烦躁，较少坐立不安，更加专注于自身。灵魂和肉体可以说找到了平衡，而大自然要求我们的也只是那种为了保存我们自身而必需的活动。但是，命令他人的这种欲望并没有与促发这种欲望的需要一起消亡。统治他人的欲望唤醒并讨好自负，而习惯又强化了自负。于是，突发的奇想便随着需要产生；于是，偏见和舆论就扎下最初的根。

一旦我们知道了这个原则，我们会清楚地看到我们在何处离开了自然的道路。让我们看看必须做些什么才能坚持这条道路。

孩子们不仅没有多余的力量，甚至还没有足够的力量来满足大自然对他们的要求。因此，我们必须让他们使用大自然赋予他们的所有力量，而他们不会知道这些力量是如何滥用的。这是第一准则。

我们必须帮助他们，弥补他们所缺乏的东西，无论是在理智上的，还是在体力上的，与身体需要相连的一切东西。这是第二准则。

要帮助他们，我们就应当仅限于对他们真正有用的方面，不能放任突发的奇想或没有理由的欲望。因为，突发的奇想只要不是来自自然的，那么，倘若它未在孩子们中诱发，就不会折磨他们。这是第三准则。

我们必须仔细研究他们的语言和他们的符号，以便在他们还不知道如何掩饰自己内心的年纪，我们能够区分他们的哪些欲望是直接来自自然的，哪些来自舆论。这是第四个原则。

这些准则的精神是，给予孩子更多真正自由，少让他们产生统治他人的想法，多让他们亲自动手，少要别人帮助他们。以此方式，让他们尽早习惯将他们的欲望限制在他们能力所及的范围之内，这样他们就不会感受到他们力不从心的困苦。

人的教育始于他的出生；在能够说话和能够理解之前，他已经在学习了。经验预示了教训。

不要将任何种类的口头教训给予你的学生，他应该只从经验中去取得教训。也不要将任何种类的惩罚施加给他，因为他不知道他错在哪里。也不要使他求你宽恕，因为他不知道如何冒犯了你。因为他们的行为缺乏所有道德性，所以他不能做道德上的坏事，因而不值得惩罚或谴责。

因为在道德观念的经历中，我们不能前进得太慢，也不能在每一步上都走得太稳。年轻的教师们，我请你们想一想这个例子，并且要记住，在任何事情上，你们的教训都应该是行动多于言语，因为孩子们容易忘记他们自己说的和别人对他们说的事情，但是不易忘记他们做的和别人对他们做的事情。

我们只让我们的学生在实践中学习到教训。

我要不厌其烦地重复这一点：要以行动，而不是言语来教授青年所有教训。他们在书本上根本学不到经验会传授给他们的所有知识。

各位老师，你们一定要少说话！但是要学会选择地点、时间和人物。以此方式，用例子来给出你们的所有教训，确信它们的效果。

只有一门科学要教授给孩子们。它就是有关人的义务的科学。这门科学是一个统一体，不管色诺芬①（Xenophon）对于波斯人的教育说了什么，这种科学是不可分的。此外，我将这门科学的教师称之为主管，而不是导师，因为他的任务与其说是指导，不如说是领导。他根本不应该教导孩子准则规范，而应该迫使他们去发现这些准则规范。

对一个青年人而言，最糟糕的历史学家是做出判断的那些人。事实！事实！让青年人自己去判断；正是以此方式，他才能学会知晓人类。如果作者的判断不断地指导他，那么，他所能做的一切工作就是通过他人的眼睛去看问题，当他没有这些眼睛时，他就看不见任何东西。

教育的最大秘密是，使身体的锻炼与精神的锻炼总是互相调剂。

---

① 色诺芬：古希腊军事家、文史学家。他以记录当时的希腊历史、苏格拉底语录而著称。此处出自他的《居鲁士的教育》（The education of Cyrus）第一卷第二章。

自然的、消极的教育的结果

我教导爱弥儿,对于事物要保持无知,而不是去认识它们。我给他指出通向科学的道路,这条道路容易,并且确实是真的,不过穿过它很漫长,缓慢。我已经让他走了几步,以便他知道入门的方式,但是我不允许他深入进去。

因为他不得不自学,所以他使用他自己的理智而不是别人的理智。因为,为了不听信舆论,我们就不能听信权威;我们的大多数错误都不是出自我们,而是来自他人。正如工作和劳累使身体有活力一样,这样持续地练习会使他的精神产生活力。另外一个好处是,人的进步同他的体力的发展是成比例的。精神与肉体一样只承受它能承受的。理智先理解了事物,然后把它们储存在记忆中,而后来从记忆中提取出的都属于它。然而,如果我们使记忆负担过重,记诵很多东西,却没有理智的参与,那么,我们会陷入险境:无法从记忆中提取出与理智相适应的任何东西。

爱弥儿的知识很少,但是他拥有的知识确实是他自己的知识。而且他并不是对它们一知半解……

总之,在个人德性上,爱弥儿已经拥有与他自己相关的一切东西的知识。倘若还要拥有社会德性,他只缺乏关于要求这些德性的那些关系的知识,他只缺乏那种学识,而他的精神已经准备好接受这种学识。

他只考虑他自己,不考虑别人,并且认为别人不想起他也好。他对谁都没有任何要求,并且相信他不欠任何人任何东西。他在人类社会中独自生活,他只依靠他自己。他比任何其他人都更有权依靠他自身,因为他完全达到了他那样年龄的人所能达到的境界。他没有犯过错,或者说,他所犯的错都是我们无法避免的错。他没有染上任何恶习,或者说,他所染上的恶习都是任何人不能保证自己不染上的恶习。他拥有健康的身体、敏捷的肢体、准确而毫无偏见的思想、自由且没有激情的心灵。自负,在所有激情中排列第一并且是最自然的这种激情在他身上仍然几乎没有被唤醒。他不扰乱别人的安宁,按照大自然所允许的那样生活得满足、幸福和自由。

生活在自然状态中的自然人与生活在社会状态中的自然人存在着巨大的差异。爱弥儿并不是一个被贬黜到荒原的野蛮人。他是一个必须居住在城里的野蛮人。他必须知道如何在城中找到他的生活必需品,如何利用城中的居民,如何即使不像他们那样生活,至少同他们一起生活。

为了人的第二次出生而进行的道德教育

可以说，我们诞生过两次：一次是去存在，另一次是去生活；一次是为了我们的种族，另一次是为了我们的性别……

……

青年时期就是我所说的第二次诞生。正是到了现在这个阶段，人诞生才真正地是为了去生活，并且人的一切东西才对他而言没有什么是陌生的。在此以前，我们所关心的只是孩子的游戏。只有到此刻，我们对他的关心才非常重要。一般的教育已经终结的这个时期恰恰是我们所施行的教育应该开始的时期。

最终，我们进入道德秩序。我们刚刚迈出了成人的第二步。如果这是合适的地方，我会尝试展示良心的最初呼声如何从心灵的最初活动中产生，有关善和恶的最初观念如何从爱和恨的情感中产生。我将展示："正义"和"仁慈"根本不是两个抽象的词、由理智形成的纯粹道德存在，而是被理智启发的灵魂的真正情感，因而是我们的原始情感的有序发展；如果只通过理智而不依赖良心，自然法不能被确立起来；如果自然的权利不是建立在人心的自然需求之上，那么，它只要不以人心自然产生的需要为基础，它就只是一种妄想。但是，我不由得总是想起，我这里的工作不是生产出有关形而上学和道德的论著，或者任何种类的研究的课程，标出与我们的身体构造相关的情感和知识的次序与进程对我而言就足够了。

只有理性教导我们认识善和恶。使我们爱善恨恶的良心虽然独立于理性，但是没有理性，也没法发展起来。在达到理性的年龄之前，我们行善和为恶时都缺乏对它们的认识，因而我们的行动并没有道德性，尽管有时候在对他人的那些与我们相关的行为的感受中存在着道德性。

攻克己身，
压制自负或虚荣

初看起来，娱乐的次数多和花样多好像可以增加人的幸福，而平稳单调的生活好像令人厌倦。但是在认真思考之后，我们会发现，恰恰相反，灵魂的最甜蜜的习惯在于享乐适度，不给欲望和厌恶留下任何余地。欲望不安会导致好奇心和反复无常出现，而空虚的狂欢会导致无聊产生。当一个人不知道还有其他更愉悦的状态时，他不会厌倦他现在的状态。在世界上的所有人当中，野蛮人最没好奇心，最少烦闷。他们对任何事都漠不关心。他们喜爱的不是事物，而是他们自己。他们一辈子无所事事，从不无聊。

必须通过人来研究社会，通过社会来研究人。想要分开来处理政治与道德的那些人根本不可能理解二者之中的任何一方。我们看看与人紧密相连的那些原始关系应该会如何影响人，何种激情应该从这些关系中产生。我们看到，正是因为激情的发展，这些关系才反过来成倍增加，并且变得更紧密。使人独立和自由的与其说是手臂的力量，不如说是心灵的节制。无论什么人，只要他的欲望少，他就可以少依赖别人。但是有些人总是将我们的妄念与我们的身体需要混为一谈，他们将我们的身体需要作为人类社会的基础，因而总是因果倒置，只是在他们的所有推理中误入歧途。

倘若你的学生是孤零零的，你没有什么可做的。不过，他周围的一切东西影响他的想象力。偏见的激流会把他冲走。为了限定他，我们必须向相反的方向推他。必须用情感约束想象力，用理智使人的舆论沉默。所有激情的来源都是感性，而想象力则使它们发生偏斜。当每个存在者的这些关系发生改变，并且他想象或者相信他想象其他关系更适合他的天性时，能感知到这些关系的每个存在者都会受到感染。正是想象力的错误将所有有限存在者的激情转变成诸种罪恶，甚至天使也会如此，如果他们也有想象的错误。因为，他们必须知道所有存在者的本性以便知道何种关系最适合他们的本性。

一旦自负发展起来，相对的"我"就会持续不断地活动，而青年人在观察别人时绝不会不联想到他自己，并比较他们与自己。问题是要知道他在考察同伴之后，会认为自己在他们当中处于何种地位。

要进入青少年的心中，以便激发他对大自然的最初情感，并且开阔他们的心胸，使他们心怀他们的同类。除此之外，我还要补充一点：尽可能不要在这些情感中掺杂任何个人利益，尤其是不要掺杂虚荣、竞争、荣耀以及那些迫使我们比较我们自己与他人的情感。因为要做出比较，就不得不怀有对与我们争夺优先权的那些人的憎恨，哪怕这种优先权只是我们自己的看法。于是，我们必然变得盲目或者愤怒，变成邪恶的或愚蠢的。我们要尽量避免面临这种选择。人们会对我说："不论我们愿意与否，这些危险的激情迟早总会产生。"我不否认这一点。万事万物皆有其发生的时间和地点。我只是说我们不应该促成它们发生。

既然到现在为止，我的爱弥儿只注意他自己，那么，他向他的同伴投下的第一道目光会使他比较他自己与他的同伴。这种比较在他心中激发的第一种情感是要占据头把交椅的欲望。正是在这里，自爱转变成自负，并且，依赖自负这种激情的所有激情开始出现。但是要确定，在这些激情中，在他的品性中起主导作用的激情是仁慈温柔的还是残忍恶毒的，它们是仁慈同情的激情还是嫉妒贪婪的激情，我们必须知道他会感觉他自己在人群中处于何种地位，他可能相信他必须克服何种障碍才能获得他想要的位置。

一个人只要不是疯子，那么，在他的诸多愚蠢的想法中，我们唯一不能消除的是虚荣。对于虚荣，倘若的确存在着某种东西可以治疗它，那么，除了经验之外，再没有其他东西可以治疗它。不过，我们至少可以在虚荣产生后阻止它发展。不要迷失在旨在向青少年证明如下观点的精致推理中：一位青少年与其他人一样都是人，都有相同的弱点。使他自己感受到这一点，或者让他永不知道这一点。这又是我自己的准则的一个例外情况。正是在这种情况下，我的学生会自愿暴露在所有意外事件中，这些事件会向他证明他并不比我们聪明。像前面提到的与魔术师的冒险那件事可以用无数方式重复出现。我会让阿谀奉承者占他的便宜。如果那些举止反常的同伴把他拖入某种愚蠢的境地，我会让他冒此风险。如果骗子跟随他去赌博，我会把他交给他们，这样他们就可以把他骗了。我将听任他们去奉承他、欺骗他和抢劫他。并且，在他们将他的钱财骗光，最后还嘲笑他时，我还要感谢他们如此好心地现场教训了他一顿。我小心翼翼防止他掉入的唯一陷阱是妓女们设下的陷阱。对他，我唯一的考虑是，与他一起遭受我让他面临的所有危险，一起承受我让他受到的所有侮辱。我会默默地忍受一切，不抱怨，不责备，不会就此事向他提哪怕一个词。你可以肯定的是，如果我坚持如此这般地谨慎行事，那么，他看见我为他遭受的一切痛苦在他心中留下的印象要比他自己所受的痛苦给他留下的印象深刻得多。

扩充怜悯和同情心，发展与他人的关系

让我们把自负扩展到其他存在者。我们将它转变成一种美德，并且在任何一个人心中都可以找到这种美德的根源。我们所关注的对象越少直接牵涉到我们，我们越不害怕个人利益的幻象。我们越是将这种利益普遍化，它就变得越发公平，对人类的爱只不过是对公正的爱。这样一来，我们是否要爱弥儿去爱真理？我们是否要他去认知真理？在他的这些

活动中，我们要使他远离他自己的利益。他越是关心他人的幸福，他们将会越发开明和智慧，而他也越少在何谓善或恶上被欺骗。不过，我们决不会容忍他的仅仅基于对人的思考或不公正的偏见的盲目偏好。他为什么要伤害一个人来服务另一个人呢？只要他促进了所有人的最大幸福，那么，谁得到更大份额的幸福，对他来说一点也不重要。除了他的私人利益之外，这是智慧之人的首要利益，因为每种利益都是他所属的类的一个部分，而不是另一个个体的部分。为了防止同情蜕化成懦弱，必须将同情普遍化，使它扩展成对整个人类的同情。这样，只有在同情符合正义的情况下，我们才服从同情，因为在所有美德中，正义是最有助于人类的共同福利的美德。为了理性，为了爱我们自己，我们对我们人类的同情要多于对我们的邻居的同情[①]，而同情邪恶之人对人类是非常残忍的。此外，必须记住，我使我的学生走出他自身所采用的所有这些手段总是与他有直接的关系，因为他不仅可以从这些手段中获得内在的享受，而且在使他有益于别人的利益时，我为他自己的教育工作。

---

① 人们往往爱自己的邻居多于爱人类，而道德的要求是扩充自己的爱，将同情普遍化，把对特定人或人群的同情扩展到对整个人类的同情，只有这样才能超拔出来，成为道德的人。

正是人的虚弱使得人合群；正是我们的苦难使得我们的心灵向人类求助；如果我们不是人，我们不欠人类任何东西。对人类的依恋是力量不足的标志。倘若我们中的每一个人都不需要别人的帮助，那么，我们就根本不会想到自己与别人联合。因此，我们的脆弱的幸福恰恰产生于我们的极其虚弱。一个真正幸福之人是一个孤独的存在。唯有诸神才享受一种绝对的幸福。不过，我们当中谁知晓这种幸福呢？倘若某个不完善的人可以自给自足，那么，依据我们的观点，他有何享受呢？他将是孤家寡人，他会可怜兮兮。我无法设想没有任何需要的人会去爱任何东西。我无法设想不爱任何东西的人会是幸福的。由此可知，我们之所以依恋我们的同类，与其说是因为我们对他们的快乐的感受，不如说是因为我们对他们的痛苦的感受。这是因为，在对他们的痛苦的感受中，我们更好地看到我们的本质与他们的本质的同一性以及他们对我们的依恋的保证。倘若我们的共同需要通过利益把我们结合起来，那么，我们的共同苦难通过感情把我们结合起来。一个人幸福的场景激发的是别人的妒忌，而不是别人的爱慕。人们会高兴地指责他，说他本没有让自己独享幸福的权利，他却篡夺了这项权利；并且自负让我们觉得这个人根本不需要我们。但是谁会看见一个不幸福之人受苦而不同情呢？如果只需要将他从他的苦难中拯救出来的意愿就可以真的拯救他，那么，谁会不愿意这样做呢？想象会使我们设身处地地想那个受苦之人，而不会想那个幸福之人。我们觉得，这两种境况其中的一种比另一种更能打动我们。怜悯是甜蜜的，因为当我们设身处地想那个受苦之人的处境时，我们会因为我们没有遭受他所承受的苦难而感到庆幸。而嫉妒是痛苦的，因为一个人幸福的场景不但不能使嫉妒者设身处地地想他的幸福境况，反而使嫉妒者因为自己不能处在那样幸福的境况而感到痛惜。看起来，怜悯使我们免受那个人所受的痛苦，而嫉妒不让我们享受另一个人享受的福祉。

于是，怜悯，这个按照大自然的秩序最先打动人心的相对情感，诞生了。为了变成一个善解人意的、有怜悯心的人，孩子必须知道，有一些与他相似的人，他们遭受到他曾遭受过的苦难，感受到他曾感受过的痛苦，而且，还有其他人，他还应该设想这些人也能感受到那些苦难和痛苦。事实上，若我们不能推己及物，把自己与那个受苦的动物视作是一体的，设身处地地为它想想，那么，我们如何能让自己被怜悯感动？我们只有在判断它确实在受苦时，才会感到痛苦；我们所痛苦的不是我们自己，而是它。因此，任何一个人只有在他的想象被激活，并且开始使他推己及人时，他才变成一个善解人意的人。为了激发和培养这种新生的情感，为了按它的自然倾向引导它或跟随它，倘若我们不为年轻人提供他心灵的扩展力量可以施加影响的这样一些对象，它们扩大他的胸襟，使他推己及人，使他发现自己无处不在，并且如果我们不小心翼翼地避开使他心胸狭隘，以自己为中心，只想着自己的那些对象，我们还能做什么？换句话说，如果我们不在他心中激起善良、人道、怜悯、仁慈以及自然地令人感到喜悦的所有迷人的、甜蜜的情感，并且防止他产生嫉妒、贪婪、仇恨以及恶心的、残忍的所有激情（可以这么说，这些激情不仅使人的情感完全变成消极的、否定的，还折磨体验到这些情感的人），我们还能做什么？我相信我可以把我前面的所有反思总结成两条或三条准确、清晰、易懂的准则。

第一准则：我们心中设身处地地想到的，不是那些比我们更幸福的人，而只是那些比我们更应该同情的人。若我们发现这条准则的例外情况，那么，它们只是表面现象，并非实际情况。因此，我们都不会设身处地地为我们所依恋的富人或贵人着想。哪怕是真心依恋，我们也只是要侵吞他的一部分幸福。有时，当他处于不幸之中时，我们会爱他。但是只要他青云直上，飞黄腾达，那么，他唯一一个真正的朋友是这样一个人，此人不被外表迷惑欺骗，并且尽管他很富有,仍然怜悯他,而不是嫉妒他。某些幸福状态,譬如,田园生活,使我们深受感动。看见那些善良的人幸福是具有魅力的,这种魅力不受嫉妒毒害;我们真的对他们感兴趣。这是为什么呢?因为我们觉得我们能够下降到和平的、单纯的状况,享受同样的幸福。这是一种未雨绸缪的资源,它只导致令人愉快的想法,因为为了能够利用它,想这样做就足够了。当我们看见我们的资源,冥思我们自己的财产时,哪怕我们并不想使用它们,我们也总是高兴的。由此可知,为了使年轻人倾向于人道,我们根本不能使他仰慕其他人的辉煌命运,我们必须向他展示那种命运的悲哀之处,我们必须使他害怕它。这样一来,依据显而易见的推论,他应该自己开辟通往幸福的道路,而不应走别人的路。

第二准则:我们对他人的同情仅限于我们认为我们自己也难免要遭受的那些厄运。"我并非不知道厄运,我要帮助穷困者。"我不知道还有任何东西能像这行诗这样美妙、深刻、感人和真实。为什么帝王对他们的臣民没有一丁点怜悯?因为他们预计自己绝不会成为普通人。为什么富人对穷人那样铁石心肠?那是因为他们不害怕自己变穷。为什么贵族如此蔑视老百姓?那是因为一个贵族永远不会成为一介平民。为什么土耳其人一般比我们仁慈和好客?那是因为,他们的政府是完全专制的政府，这使得个人的伟大和财富总是岌岌可危，缺乏稳定性，因而他们不会认为卑贱和穷困永远不会是他们的境况。每个人也许明天就会与他今天帮助的人一样需要别人的帮助。这种反思不断地出现在东方的故事中，它对读者有一种感染力，而我们的枯燥的道德说教矫揉造作，完全缺乏这种感染力。所以，不要让你的学生习惯站在他的荣耀的高位，渺视痛苦的不幸者和出卖苦力的可怜人，也不要希望教导他去同情他们，如果他认为他们与他毫不相干。要使他完全明白，这些可怜人的命运也可能就是他的命运，他们所遭受的厄运他也会遭受，随时都会有无数预料不到、不可避免的事情使他陷入他们的那种境地。要教育他不要依靠出身、健康和财产。要向他展示命运的所有浮沉变迁。要给他找出一些屡见不鲜的例子，说明有些地位比他高的人后来所陷入的境况甚至还不如那些可怜人。至于这是否是因为他们自己的过失，那不是现在关注的问题。他是否知道过错是什么？绝对不要违反他认知的顺序，而要用他能够理解的解释来启发他。这样，他不需要非常博学就能明白，一个人哪怕再谨小慎微，也不能确定他一小时之后是活着还是死亡，天黑以前肾炎的疼痛是否会让他咬紧牙关，他一个月之后是穷还是富，他一年之后是不是会被送到阿尔及尔，在别人的鞭笞下划船。尤其重要的是，不要像教理问答那样冰冷冷地告知他这一切。要让他看到，要让他感受到人的灾难。要用每个人时时刻刻都可能遭遇的危险来扰乱和惊吓他的想象力。要让他知道他周围全是深渊，要使他在听你描述这些深渊时紧紧抓住你，生怕掉进那些深渊。你会说，我们会使他变得胆小怯懦。我们以后会明白结果如何，但是现在，让我们先开始使他变成仁慈的。尤其是，那是对我们来说最重要的事情。

第三准则：我们对他人不幸的同情程度并不取决于那种不幸的数量，而取决于我们认为那个遭受不幸的人所具有的情绪。

我们只有相信一个不幸之人是应该被同情怜悯的，我们才会同情怜悯他。我们在肉体上对我们的苦难的情绪感受比起表面上显示的更受限制。但是，因为记忆力使我们感受到我们的苦难在继续，因为想象力把它们延伸到将来，所以，它们使我们真正应该被同情怜悯。尽管共同的感受应当使我们一视同仁地将动物视作是与我们一体的，但是我们为什么对动物的苦难就比对人的苦难更加铁石心肠，我想，其中的原因就是这。一个人几乎不会可怜他所养的拉车的马，因为他不会认为它在吃草时会想到自己所挨的鞭子以及自己未来的疲乏。一个人知道他所看见的一只在牧场上吃草的羊很快会被屠宰，但是因为他判断它并没有预见到自己的命运，所以他不会同情怜悯这只羊。照此类推，我们对人的命运也是类似的铁石心肠；有钱人使穷人遭受苦难，但是因为他们假设穷人愚蠢到对于自己的苦难缺乏任何感受，由此获得了安慰。一般而言，我依据每个人表面上对他的同伴的重视程度来判断他对他同伴幸福的重视程度。一个人自然不会把他轻视的人的幸福放在眼里。因此，倘若政治家带着极大的鄙夷谈论人民，或者倘若你看到大多数哲学家想让人变得邪恶时，你就不要感到惊奇。正是人民构成了人类。不是人民的那些东西是如此微不足道，以至于不值得被考虑在内。所有阶层的人都是相同的。如果是这样的话，拥有最多成员的阶层最值得尊敬。对于有思想的人来说，所有民事区别都消失了。他在搬运工与显赫的人身上看到了相同的激情、相同的情绪感受。他在那里只看到他们的语言的差异，只看到他们的或多或少的做作的语气；如果有某个本质性的差异将他们区分开来，那么，这对那些伪装得更多的人是不利的。人民是表里如一的，如实地展现自身，所以不可爱。而上流社会的人物必须伪装起来。如果他们如实地显示自己的本色，他们会令人恶心的。

VI

理想社会

只有道德自由使人真正成为自己的主人,因为仅顺服强烈欲望的是奴隶状态,而顺服自己为自己制定的法则是自由。

每个个体相信自己不再是一个个体,而只是统一体的一个部分,除了感受到自己在团体中,就没有别的感受。

自由是人之为人的根本，不可转让

最强者绝不会强得足以永远做主人，除非他将他的武力转化为权利，将顺服转化为义务。这导致了最强者的权利。该权利表面上虽然具有讽刺意味，但是在原则上被真正确立起来。不过，难道人们将不会向我们解释这个词吗？武力是一种物理力。我不明白何种道德可以产生于它的效果。屈服于武力是必然性的一个行动，而不是意志的一个行动。它至多也不过是一种审慎的行为。它可以在何种意义上是一种义务？

说一个人无缘无故地出卖自己，等于是说某种荒谬的、难以想象的事情。这样一个行动是非法的、无效的，只是因为这样做的人的头脑不正常。说全体人民都会做同样的事，出卖自己，那等于是假设这些人全部是疯子。但是疯癫不会产生权利。

哪怕每个人会转让自己，他也不会转让他的孩子。他们生来为人，且是自由的。他们的自由属于他们自己。除了他们自己，没有人有权把它丢掉。在孩子到达理性的年龄之前，他们的父亲为了他们的自我保存、为了他们的幸福，可以以他们的名义明确规定一些条件。但是他不能不可挽回地、无条件地将他的孩子交出去，因为这样的礼物违背了自然的目的，并且逾越了父亲这个身份所有的权利。因此，一个专制政府要成为合法的，它就必须让每一代人民都成为有权接受它或拒绝它的主人。不过，由此一来，该政府就不再是专制的。

一个人放弃自己的自由就是放弃自己作为人的身份，放弃人的权利，甚至放弃人的义务。对一个放弃一切的人是不可能进行补偿的。这种放弃与人性不符，而且夺走人意志的所有自由就等于夺走他行动的一切道德性。最后，规定一方有绝对的权威，规定另一方无限服从，这本身是一个无效的、矛盾的协议。对一个我们有权向其要求一切的人，我们对他没有任何义务，这不是很清楚吗？难道只有这个条件，没有任何等价物和没有任何交换物使这个行为无效吗？因为，既然我的奴隶所拥有的一切都属于我，他有何权利反对我？他的权利也是我的权利，而我反对我的权利难道不是毫无意义的话？

合法的权利只能基于协议

人是生来自由的，但是他无论在何处总是身陷囹圄。认为自己是其他人主人的人总是比其他人更像是奴隶。这种变化如何产生？我不知道。什么可以令这种变化成为合法的？我相信我可以回答这个问题。

如果我只考虑武力及其导致的结果，我会说：只要一个民族被迫服从并且确实服从了，那么，他做得很好。一旦他能够摆脱束缚，并且确实摆脱了束缚，他做得更好。因为在依据与用来窃取他的自由的权利相同的那种权利来恢复他的自由时，要么他有正当理由收回他的自由，要么那些夺走他的人没有正当理由这样做。而社会秩序是一种充当所有其他权利的基础的神圣权利。不过，这项权利并非出自自然，而是基于协议。

既然没有人对自己的同类具有天然的权威，既然武力不能产生任何权利，那么，只剩下协议作为人的所有合法权威的基础。

家庭是政治社会的第一个模型

在所有社会中，最古老且唯一自然的社会是家庭这个社会。只要孩子在他的自我保存上需要父亲，那他就仍然受他父亲约束。一旦这种需要停止了，这种自然的纽带就解除了。在孩子免除了他们对父亲的顺服，父亲免除了他们对孩子的照料之后，他们都同样恢复了独立。如果他们继续团结在一起，那就不再是自然的，而是志愿的，而家庭本身只靠协议维持。

这种一般的自由是人性的结果。人的第一法则是要致力于他自己的保存，而他的第一关怀是照料他自己。一旦他达到理性的年龄，一旦他会独立判断保存他自己的合适手段，他就变成了他自己的主人。

因此，如果你愿意的话，家庭是政治社会的第一个模型。领袖是父亲的图像，而人民是孩子的图像；并且既然所有人是生来平等的和自由的，他们只是为了他们自己的利益才会转让他们自己的自由。全部区别在于，在家庭中，父亲对孩子的爱回报了他对孩子的关心，然而在国家中，领袖对他的人民并没有这种爱，居高临下的快乐取代了这种爱。

社会契约的本质

我假定人曾达到这样的地步，那时，自然状态中妨碍他们的自我保存的诸多障碍的阻力压倒了每个人在那种状态可以用来维持他自身的存在的力量。这样一来，那种原始状态不能继续维持。并且，如果人类不改变他们的生活方式，他们就会消亡。

现在，既然人不能产生新力量，而只能联合和引导现存的力量，那么，他们就没有自我保存的其他手段，除非集合起来，形成可以克服这种阻碍的力量总和，令它们为一个动因工作，并且使它们协调行动。

这种力量的总和只能产生于许多人的合作。不过，既然每个人的力量和自由是他的自我保存的主要工具，那他如何能够将它们提供出来，却不会危害他自身，不会忽略关照他自身呢？这一困难，在我的论题的语境下，可以用这些术语来陈述这种困难：

"要找出这样一种结社形式，它能用全部共同的力量捍卫和保护每个结社者的人身和财产安全，并且通过这一结社而与所有人联合的每个人只不过是服从他自己，仍然像往常一样自由。"这是社会契约所要解决的根本问题。

这个契约的诸条款是如此完全地被立约这个行动的性质规定，以至于最微小的修改都会使它们变成无效的、空洞的。因此，尽管这些条款可能从来没有被正式宣布过，但是它们到处都一样，到处被默默接受和承认。一旦这个社会契约被违反，那时，每个人都恢复了他原来的权利，并且重新获得他的自然的自由（natural freedom），失去了约定的自由（conventional freedom）。他曾为了这种自由放弃他的自然的自由。

如果做出恰当的理解，那么，所有这些条款可以归结为一条条款，即每个结社者及其所有权利全都转让给整个团体。因为，首先，既然每个人都把他的整个自我给了团体，那么，条件对于每个人而言都是同等的。既然条件对于每个人而言都是同等的，没有人有兴趣让它成为他人的负担。

其次，因为转让是没有任何保留的，所以联合会尽可能完美，每个结社者都不会有任何进一步的要求。因为，如果某些权利私下留给某些个体，那么，他们与公众之间不会有任何共同的上司来进行裁决。在某些事上是自己的裁判的每个人会很快要求在所有事上都是自己的裁判；自然状态会继续存在，而结社必然会变成专制的或无效的。

最后，因为每个人将自己给予所有人，所以，他并没有将自己给予任何人。并且，既然从任何一个结社者那里，我们都可以获得我们自己给予他的同样的权利，那么，我们取得了我们所失去的一切东西的等价物，却有更大的力量保护我们所拥有的东西。

于是，如果我们放弃社会契约中的一切非本质的东西，我们会发现，社会契约可以被简化为如下条款：我们每个人都把自身及其一切力量共同置于公意（general will）的最高指引之下，并且我们接纳共同体的每一个成员为整体的一个不可分割的部分。

这种结社行动立即产生了一个道德团体和集合体，取代了缔约各方的个人。组成这种团体和集合体的成员都在大会中发言。大会由这同一个行动获得它的统一性、它的共同的自我、它的生命和它的意志。由所有其他人的联合而形成的这个公共人格以前被叫作"城"，现在被叫作"共和国"或"政治团体"。当这种共和国或政治团体消极被动时，其成员把它叫作"国家"；当它积极主动时，他们把它叫作"主权"；当比较它与其他类似的团体时，他们把它叫作"势力"。至于结社者,从集体的角度看,他们被叫作"人民",从个体的角度看,他们被叫作"公民",是主权机构的参与者;因为他们服从国家的法律,所以被叫作"臣民"。但是这些术语经常被混杂在一起,并且彼此被弄混。当人们完全准确地使用它们时,他们知道如何区分它们就够了。

主权中的团体与个体的关系

社会契约的这个原则显示，结社行动包含公共人格与私人个体之间的相互约定，并且，可以说与自己订约的每个人都发现自己参与了双重关系，即作为主权的成员与私人个体的关系，作为国家的成员与主权的关系。但是这里不能应用民法的那条准则，即无人会对自己与自己订立的约定负责，因为对自己的义务与对自己作为其部分的全体的义务存在巨大的区别。

必须进一步注意的是，因为必须从两种不同的关系来思考每个臣民，所以公众的决定可以迫使全体臣民服从主权，然而公众的决定却不能因为相反的理由而迫使主权服从它自身。因此，主权强加给自己一种它不能违反的法律有违政治团体的本质。既然只能从一种关系来考虑主权，那么，就从与自己订立契约的私人个人的处境来考虑。由此可见，没有，也不可能有任何一种根本法律约束人民的团体，哪怕社会契约也不行。不过，这并不意味着，这一团体不能在不违反这一契约的条件下与另一团体订约，因为就其对外关系而言，它是一个单纯的存在或个体。

但是既然政治团体或主权的存在只是出于契约的神圣性，这种政治团体或主权就绝不能迫使它自己做违背那个原初行动的任何事，譬如，转让自己的某一部分，或者使自己服从另一个主权，哪怕是对另一个政治团体或主权也不能这样做。违背它的存在所依靠的那种行为就是毁灭自己，而并不存在的东西不能产生任何东西。

一旦民众结合成一个团体，危害它的一个成员就不可能不攻击团体，危害团体就不可能不使它的成员感受到结果。因此，义务和利益都同样使订约的双方互助。双方同样应该寻求在这双重关系中结合依赖该关系的所有有利条件。

现在，只由组成主权的私人个体构成的主权没有，并且不能有，与他们的利益相违背的任何利益。所以，主权的权力不需要向臣民提供任何保证，因为这个团体不可能想要损害它的所有成员，并且我们以后会看到，这个团体不会危害他们中的任何一个个体。主权仅因为它是主权，就永远是它所应该是的那样。

臣民与主权的关系却不是这样的。尽管有共同的利益，但是如果主权没有找到确信臣民的忠诚的办法，那么它没有臣民的约定的保证。

每个个体作为人的确可以拥有与他作为公民所具有的公意相反或不同的私人意志。他的私人利益给他的指示完全不同于公共利益给他的指示。他的绝对的、天然独立的存在会使他把自己该为公家做的事视作无偿的贡献，认为他不做此事给他人造成的危害小于他因做此事而使自己承受的代价。当他想到国家的道德人格不是一个人，而是被理性生产的时候，他只想享受公民的权利，而不想尽臣民的义务。这是一种不公正，其蔓延会导致政治团体的毁灭。

于是，为了使社会契约不变成无效的方案，它隐含着如下约定：如果任何人拒绝服从公意，那么，整个团体就要迫使他服从公意，这只是意味着要迫使他自由起来。唯有这个约定才能使其他约定生效。因为，这就是那个条件，它使每个公民都有祖国，保证他没有一切人身依附，并且，正是这个条件使得政治机器足智多谋，发挥功效，并且唯独它赋予公民约定以合法性。倘若没有它，公民约定是荒谬的、专制的，并且会遭遇最严重的滥用。

自然状态与公民状态的区别

自然人是完全为自己的。他是可以用数字表示的统一性，是绝对的整体，只与他自己或他的同类相关。公民只是一个依赖分母的分数单位，他的价值被他与整体的关系规定。好的社会机构清楚如何改变人的本性，剥夺他的绝对存在，以便给他相对的存在，并且将"我"转移到共同体中。结果是，每个个体都相信自己不再是一个个体，而只是统一体的一个部分，除了感受到自己在团体中，就没有别的感受。

充当整个社会系统的基础的是，基本的社会契约不是毁灭自然的平等，而是用道德的和法律的平等取代大自然施加于人身上的生理上的不平等；尽管人在力量和天赋上是不平等的，但是他们凭借协议而应该一律平等。

由自然状态过渡到公民状态，人发生了非常显著的变化：在他的行为中正义取代了本能，他的行为被赋予了此前缺乏的道德性。只有当义务的呼声取代了生理的冲动，权利取代了强烈的欲望时，以前只顾自己的人才发现自己必须依照其他原则行动，并且在听从自己的本能倾向之前，先咨询自己的理性。尽管在这种状态，他自己剥夺了自然赋予他的许多有利条件，然而他获得的益处却是巨大的：他的能力获得了锻炼和发展，他的思想观念开阔了，他的情感高尚了，他的整个灵魂提升到这样的地步，以至于如果滥用这种新条件不会常常使他堕落到比他以前的状态还差的状态，他应该会不断地庆幸这快乐的时刻使他永远脱离自然状态，使他由一个愚昧的、有限的动物变成一个理智的存在和人。

让我们将优缺点简化为容易对照的措辞：人类因为社会契约丧失的是他自然的自由以及一种对于他所想的和所能获得的一切东西的无限权利，他所获得的是公民的自由（civil freedom）以及对于他所占有的一切东西的所有权。为了防止弄错这些补偿，我们必须仔细区分只被个人的力量限制的自然的自由与被公意限制的公民的自由，以及只是暴力或最先占有之权利的结果的占有物与只能基于正当权利的所有物。

公民状态的收益除了上述内容之外，我们还可增加道德的自由。只有它使人真正成为自己的主人，因为仅顺服强烈欲望的是奴隶状态，而顺服自己为自己制定的法则是自由。

主权与社会契约、公意的关系

如果国家或城邦只是一个道德人格,其生命全在于它的成员的结合,并且如果它最主要的关注是它自己的保存,那么,它必须有一种普遍的、强制性的力量,以便以最有利于整体的方式来推动和安排各个部分。正如大自然赋予每个人支配自己的各部分肢体的绝对权力,社会契约也赋予了政治共同体支配它所有成员的绝对权力,并且,正是这同样的权力,当它被公意指导时,如前所述,它获得了主权这个名称。

但是,除了这个公共人格之外,我们必须考察构成它的那些私人人格,它们的生命和自由天然独立于公共人格。于是,我们要清晰地区分公民与主权各自的权利,以及前者作为臣民必须履行的义务与他们作为人应该享受的自然权利。

我们承认,每个人凭借社会契约只转让自己的那部分其用途对集体非常重要的权利、财富和自由。但是我们也必须承认,只有主权才是判断什么东西是重要的裁判。

一个公民应该在主权要求时立即去做他能为国家做的任

何事情。但是主权者就其本身而言却绝不能将对于团体毫无用处的任何负担强加给臣民。它甚至不会想那样做，因为在理性的法则之下，一如在自然的法则之下一样，做任何事都是有原因的。

把我们与社会团体联系在一起的约定之所以是强制性的，只是因为这些约定是相互的，并且它们的性质是这样的：在履行这些约定时，我们不可能只为他人效劳而不同时也为自己效劳。如果不是因为所有人都把"每个人"这个词当成他自己，并且在为所有人投票时不是想到自己本人，那么，公意为何总是公正的，而所有人为何始终想要每个人都幸福？这证明了：权利平等及其产生的正义观出自每个人对自己的偏爱，因而也出自人的本性；公意若要真正成为公意，它不仅在其对象上，而且在其本质上都应该是公共的、普遍的；它应该出自所有人，并且适用于所有人；当它针对任何个别的、特定的对象时，它就失去其天然的公正性。因为这时我们在判断我们不熟悉的东西，所以我们不会有任何真正的公正原则指导我们。

的确，一旦个别的事实或权利有任何一点未被先前的公约规定，事情就会发生争论。在这场诉讼中，当事的私人构成一方，公众构成另一方。但是在这里，我既看不到何种法律必须遵守，也看不到何种法官做出判决。既然这样，要想诉诸公意、获得明白的判决是很荒谬的。公意只是两方之中的一方的结论，对另一方而言只不过是一个外来的、私人的意志，在这种场合之下显示出不公道，并且容易犯错误。于是，正如私人意志不能代表公意，当公意有具体目标时，它的本质就变了，不能作为公意来判断人或事。例如，当雅典人民任命或罢免他们的首领，将荣誉颁给某人或对某人施加惩罚，并且不加区分地通过大量的具体政令来执行政府的所有法令时，严格说来，人民此时不再有公意。它执行职能不再像主权，而是像官长。这似乎与通常主张的观念正好相反，但是你必须给我时间来陈述我自己的观点。

由此，我们应当理解，使意志公共化的与其说是投票的人数，还不如说是把他们结合起来的共同利益，因为，在这个制度中，每个人都必须服从他自己强加于别人的条件。利益与正义之间的这种可赞美的一致性赋予公共讨论一种公正的性质。但是在讨论私人的事情时，因为缺乏共同利益识别并且结合法官的规则与当事人的规则，所以这种公正性消失了。

无论怎么追溯这个原则，我们总会得出同样的结论，即社会契约在公民之间确立了平等，由此，他们全都在同样的条件下参与进来，并且全都应该享受同样的权利。于是，因为这个契约的性质，主权的所有行为———一切真正的公意行为———一律约束或关爱全体公民，因而主权只知道国家这个共同体，并不区别对待构成国家的任何个人。那么，主权的行为到底是什么呢？它并不是上下级之间的一种约定，而是共同体与它的各个成员之间的一种协议。一个协议是合法的，因为它有社会契约作为基础；它是公平的，因为它是所有人共同所有的；它是有用的，因为它除了公共福祉之外不会再有任何别的目的；它是稳固的，因为它有公共的力量和最高权力作为保障。只要臣民只遵守这些协议，他们就不是在服从任何别人，而只是在服从他们自己的意志。要问主权与公民各自的权利延伸到何种程度，就是要问公民彼此之间、每个公民与全体公民、全体公民与每个公民之间能订约到何种程度。

由此可见，主权的权力虽然是完全绝对的、完全神圣的、完全不可侵犯的，但是没有，也不能超出公共协议的界限；并且，每个人都可以充分处置这些协议留给他的财富和自由。因此，主权永远没有权利使某个臣民的负担重于另一个臣民的负担，因为这样的话，事情变成了个别的，他的权力不再是足以胜任的。

一旦承认这些区分，那么，说社会契约并不牵涉到个人的任何牺牲是如此错误，以至于因为这个契约的结果，他们的处境实际上比他们以前的状态更可取；他们没有转让，而是进行了有利于他们的交换，将不可靠的、不安定的生活方式换成更美好的、更安全的生存方式，将天然的独立换成自由，将侵害别人的权力换成他们自身的安全，将自己的可被他人战胜的力量换成社会的结合所保证的一种不可被战胜的权利。他们献给国家的个人生命本身也不断被国家保护；并且，当他们冒着生命危险保卫国家时，他们此时所做的难道不是报答他们受之于国家的恩惠？……在必要时，每个人确实要为祖国战斗，但是没有人总是必须不断地为自己战斗。一旦我们的安全被剥夺，我们自己必须冒巨大的风险。我们为了给予我们安全的东西而冒其中的一部分风险，我们难道没有获益吗？

主权不可转让和分割

上面确定的原则的第一个且最重要的推论是，只有公意才能依照建立国家所追求的目的，即公共福祉来引导国家的力量。因为，如果私人利益的冲突使得建立社会成为必需，那么，这些相同利益的一致使得建立社会成为可能。这些不同利益共有的东西形成了社会纽带，并且，如果所有利益没有任何共同点，那么，社会不会存在。现在，社会的治理都只应基于这种共同利益。

因此，我说，主权国家（sovereignty）因为只是公意的运用，所以它绝不能被转让；只是一个集体存在的主权（sovereign）只能被它自己代表。力量可以非常完美地被转移，但是意志不行。

确实，尽管私人意志并非不可能在特定的观点上与公共意志一致，但是这种一致至少不可能长久不变。因为私人意志天然倾向于偏颇，而公意倾向于平等。即使这种一致应该长期存在，也不可能存在保证它的东西。它不是技艺的结果,而是偶然的结果。主权可能说:"我现在想要某一个人想要的东西,或者至少他说他想要的东西。"但是它不能说:"那个人明天想要的东西,我将仍然想要。"因为要求意志为了将来约束自己是荒诞的;并且,因为任何意志都不会同意有违意志主体的福祉的事情。因此,如果人民只许诺服从,那么,它会因为那个行动而自我解体,失去人民的地位。有了主人的那一刻起,就不再有主权,并且从此之后政治共同体被毁灭。

这不是说统治者的命令不能成为公共意志的表达。那是可以的,只要可以自由反对的主权并不反对。在这样一种情况下,我们应该由普遍的缄默而假定人民同意。

出于与主权不能转让的理由一样的理由,主权是不能分割的。因为意志要么是公共的,要么不是公共的。它是作为共同体的人民的意志,或者只是一部分人的意志。在前一种情况,这种被宣布的意志是主权的行为,构成了法律。在后一种情况,它只是私人意志或地方行政官的行为,至多是法令。

我们的政治思想家尽管不能分割主权原则,但是仍然依据该原则的目的分割它。他们把它分为强力和意志,分为立法权和行政权,分为征税权、司法权、战争权,分为内政权、外交权。他们有时将所有这些部分混在一起,他们有时又孤立它们。他们把主权变成一个由碎片组成的奇妙存在……

这种错误源于他们没有发展出有关主权的权威的正确观念,源于他们把主权权威派生出来的东西错误地当作那个权威的部分。例如,宣战和议和的行为被认为是主权国家的行为,但实则不然,因为它们都不是法律,而只是法律的应用,只是规定法律情况的具体行为。

公意

公意永远是公正的,而且永远倾向于公共效用。但是并不能由此推论出,人民的考虑永远有着同样的正确性。人总是想要对他们有益的东西,但他们并不总是能看到它。人民绝不会被腐败,但是经常被愚弄,而且只有那时,人民才似乎想要坏的东西。

众意(the will of all)与公意总是有很大的区别:后者只考虑共同的利益,而前者则考虑私人的利益,它只是私人意志的总和。不过,去掉这些私人意志中正负相抵消的部分,剩下的差额就是公意。

当充分了解情况的人民仔细思考时,如果公民彼此之间没有任何沟通,那么从大量的小分歧中总会产生公意,并且仔细思考总会是好的。但是以牺牲大集体为代价形成派系和小集团时,每一个派系和集团的意志对它的成员来说都是公意,而对国家来说是特殊的意志。接着,我们可以说,投票者的数目已经不再与人数相等,而只与集团的数目相等。分歧在数量上减少了，得到的结果却更缺乏一般性。最后，当这些集团中的一个是如此之大，以至于它胜过其他所有集团时，结果不再是许多小分歧的总和，而是唯一的分歧。这时，就不再有公意，而占优势的意见只是私人的意见。

因此，为了很好地表达公意，重要的是国家之中不能存在派系，并且每个公民只给出自己的意见……但是如果存在派系，那么必须迅速增加它们的数量并且防止它们之间出现不平等……这些预防措施是确保公意永远摆脱偏见，人民不会被欺骗的唯一好措施。

公意永远是不断的、不变的、纯粹的。但是它可以屈服于战胜它的其他意志。要使自己的利益脱离公共利益的每个人都很清楚地看到他不能完全将自己与共同利益分割开来。但是在与他声称他正在获得的排他性的私利相比时，他分担的那份公共的不幸对他来说什么都算不上。但是除了这种私利之外，他为了他自己的利益也还是会像他人一样强烈地要求公共福祉。甚至在为了金钱出卖自己的选票时，他并未消灭自己内心的公意，他只是回避它。他所犯的错误是，改变了问题的状态，答非所问。因此，他不是通过自己的投票说"这是有利于国家的"，而是说："对某个人或某一党派而言,通过某一动议是有利的。"于是,集会中的公共秩序的法则与其说是要维护公意,不如说是要确保它总是被质疑,并且它总是做出回应。

法律是公意的体现和宣告

通过社会契约,我们赋予政治共同体以存在和生命。现在的问题是需要通过立法来赋予它行动和意志。因为使这种政治共同体得以形成与结合的这个原始行为由此并不能确定它为了保存自己应该做什么。

如果任何事物都是美好的、符合秩序的,那么,它之所以如此是因为事物的本性,与人的协议无关。但是如果我们知道如何从上天接受正义,那么,我们既不需要政府,也不需要法律。毫无疑问,存在一种只出自理性的普遍正义。但是要使我们承认这种正义,它必须是相互的。不过,从人的立场来考察事物,缺少自然的制裁,正义的法则在人间是无效的。当正义之士对一切人遵守正义的法则,却没有人对他遵守正义的法则时,这些法则只会令邪恶之徒幸福,让正义之士受伤害。因此,必须有协议和法律将权利和义务结合起来,并且把正义带回它的目标。在自然状态中,一切都是共同的,如果我不曾对一个人做过任何允诺,那么,我对他没有任何义务；我只承认那些对我没有用处的东西是属于别人的。但是在公民状态中，所有权利都被法律固定下来，因而情况截然不同。

但是，法律究竟是什么呢？……

当全体人民对全体人民做出规定时，他们只考虑自己；如果这时形成了一种关系，那么，它是以某种方式观察的整个对象与以另一种方式观察的整个对象之间的关系，整体并没有任何分裂。这时，被规定的主题是公共的、普遍的，一如做出规定的意志是公意一样。正是这个行动，我把它叫作法律。

当我说法律的对象永远是一般的时候，我的意思是，法律只考虑作为共同体的臣民以及抽象的行为，绝不考虑作为个体的人或具体的行为……总之，与个体对象相关的任何功能都不属于立法权力。

依据这个观念，我们立刻看到，不必问谁应该来制定法律，因为法律是公意的行为；也不必问君主是否凌驾于法律之上，因为他也是国家的成员；也不必问法律是否会不公正，因为没有人会对他自己不公正；也不必问为何我们既是自由的，同时又要服从法律，因为法律只是我们意志的记录。

此外，我们看到，既然法律结合了意志的普遍性与对象的普遍性，那么，一个人，不论他是谁，凭借自己的权威擅自发号施令，他的号令都不会成为法律。即使主权对于某个个别对象发出任何号令，这种号令也不是法律，而只是命令，那实际上不是主权的行为，而只是行政官的行为。

……

准确地说，法律只是公民结社的条件。服从法律的人民应当是法律的创作者。只有那些正在结社的人才有权规定那个社会的条件……人民本身永远想要福祉，但是他们自己永远不明白它。公意永远是对的，但是指导它的判断并不永远是明智的。因此，必须使它能看到对象的真相，或者有时看到对象应该会向他们呈现的假象；必须向它显示它寻求的好路；必须保证它不受私人意志的诱惑；必须向它显示如何透彻理解时间与地点；必须教导它比较遥远的隐患与当前切身利益的诱惑以权衡利弊。个人看到益处却不要它，而公众想要益处，却看不到它。它们都同样需要向导。必须命令前者使他自己的意志顺从自己的理性。必须教导后者知道自己想要的东西。这时，大众启蒙使得理智与意志在社会共同体中结合起来，由此使各个部分完美合作，最后，使整体具有最大的力量。由此，必须产生立法者。

立法体系的最终目的是自由和平等

　　如果我们探求应该成为每个立法体系的目的的所有人的最大福祉究竟是什么，我们会发现它可以归结为这两个主要目标：自由和平等。一个是自由，是因为所有的个人依附都是从国家共同体中减去的力量；一个是平等，是因为没有它，自由不能继续存在。

　　我已经说过公民的自由是什么。至于平等，这个名词并不必被理解为权力与财富的程度应该完全相同，而是应该被理解为：就权力而言，它不应该成为任何暴力，并且只有凭借职位与法律才能使用它；就财富而言，没有公民应该如此富裕以至于他可以购买另一人，也没有公民应该如此贫穷以至于他被迫出卖自身。这假定上层阶级节制财富和影响，下层阶级节制贪心和妄羡。

……

　　但是所有良好制度的这些普遍的目的在每个国家都应该依据当地的形势和居民的性格这二者所产生的关系来修改。

正是基于这些关系，每个民族都被分配一种特殊的制度体系，这种制度体系尽管其本身或许不是最好的，但是对于注定要采用它的国家来说则是最好的……总之，除了一切人共有的准则之外，每个民族本身都包含某个原因，该原因以特殊的方式组织它，并使它的立法只适合它自己……

倘若权宜之计是如此令人满意，以至于自然关系和法律总是在相同的点上达成共识，并且可以说，法律只保障、伴随和矫正自然关系，那么，此时，一个国家的体制变得真正坚固和持久。但是如果立法者在他的目标上犯了错，他采取的原则不同于由事物的本性产生的原则，不管是否一个趋向于奴役，另一个趋向于自由；是否一个趋向于财富，另一个趋向于人口增长；是否一个趋向于和平，另一个趋向于征服……那么，法律就会在不知不觉间变得衰弱，体制会被改变，国家会不断地动荡，直到它要么被毁灭，要么被改变，于是不可战胜的自然恢复了它的统治。

政府的本质

每个自由的行动都是由两个原因结合产生的：一个是道德的原因，即决定该行动的意志；另一个是物理的原因，即执行该行动的力量。当我朝着一个对象走过去时，我必须首先想要到那里去，其次我的脚必须能带我到那里去。一个瘫痪的人想要跑，或一个动作矫捷的人不想跑，这两个人都将停留在原地。政治共同体有同样的动力因。在相同的意义上，在它之中可以区分力量和意志：后者叫作立法权力，前者叫作行政权力。没有它们的结合，政治共同体不做或不会做任何事情。

我们已经看到，立法权力属于人民，并且只能属于人民。相反，根据已经确定的原则，很容易看出，行政权力不能具有像立法者或主权那样的普遍性，因为这一权力只包括个别行动，而这些个别行动不属于法律的管辖范围，所以也不属于主权的管辖范围，因为主权的所有行动都只能是法律。

因此，公共力量必须有它自己的代理者，这个代理者把公共力量结合在一起，并使它按照公意的指示而运作。它可以充当国家与主权之间的交通手段，它为公共人格所做的有点像将灵魂与肉体结合在人之中。这就是国家之中要有政府的原因。人们往往混淆政府和主权，但是政府只是主权的使臣。

那么，什么是政府呢？为了臣民与主权的相互沟通而在二者之间建立的一个中间体，它负责执行法律并维持公民自由和政治自由。

这个中间体的成员被叫作行政官或国王，也就是说执政者。而这整个中间体叫作君主。于是，有人认为人民服从首领所依据的那种行为不是一项契约。他们完全是对的。那只不过是一种委托、一种雇用。那时，他们只是主权的官吏，他们以主权的名义行使主权托付给他们的权力，并且，主权可以随意限制、改变和收回这种权力，因为转让这样一项权力是与社会共同体的本性不相容的，并且违反结社的目的。

因此，我把行政权力的合法运用叫作政府或最高行政，并把负责那种行政的个人或共同体叫作君主或行政官。

……

政府是一个被赋予了一定能力的道德人格，它像主权一样积极主动，又像国家一样消极被动……

只要我们认为政府是国家的一个新共同体，它截然不同于人民和主权，并且是二者的中间体，这就够了。

这两种共同体的本质区别是，国家独立存在，而政府只能通过主权存在。于是，君主的主导意志只是，或者只应该是公意或法律；他的力量只是集中在他身上的公共力量。一旦他想由自己出发实施某个绝对的、独立的行动，将整体连接在一起的纽带就开始松散。最后，如果君主具有一种比主权的意志更活跃的私人意志，并且他竟然使自己掌握的公共力量服从那个私人意志，以至于可以说，有了两个主权，一个是权利上的，另一个是事实上的；此时，社会的结合会消失，而政治共同体也会解体。

可是，为了让政府共同体能存在，让它具有一种可以使它与国家共同体区分开来的真正生命，为了使它的成员都能一致行动并实现创建政府的目的，政府共同体必须有一个特殊的"自我"，一种为它的全体成员所共有的感情，一种导致它的保存的固有力量或意志。这种特殊的存在假定大会、内阁会议、审议权与决定权、诸多权利和称号以及属于君主所专有的各种特权，这使得行政官的地位会随着他们承担的责任的越发艰巨而相应地越发尊荣。困难在于将这个附属的整体安排在整体之中，从而通过增强它自己的体制而不改变总体制，从而始终能够区别以保存自身为目的的个别力量和以保存国家为目的的公共力量，从而，一言以蔽之，使它永远准备为了人民而牺牲政府，而不是为了政府而牺牲人民。

在行政官个人身上，我们可以区分三种本质上不同的意志。首先是个人自己的意志，它只倾向于他的私人利益。其次是所有行政官的共同意志。只有它关系到君主的利益，我们才可以把它叫作团体意志。这个团体意志相对于政府而言是公共的，相对于政府只是其部分的国家而言是私人的。最后是人民的意志或主权的意志。这一意志，无论是相对于被视作整体的国家而言，还是相对于被视作那个整体的一个部分的政府而言，都是公意。

在完美的立法中，私人的或个人的意志应该是无效的，政府的团体意志应该是极其次要的，从而公意或者主权的意志永远是主导的，并且是所有其他意志的唯一准则。相反，依据自然的次序，这些不同的意志越集中，就越活跃。于是，公意总是最弱的，团体意志处于第二位，而私人意志则是三者中最强的。因此，政府中的每个成员都首先是他自己本人，然后是行政官，再然后是公民。这种级差直接与社会秩序所要求的级差对立。

鉴于上述情况，假设整个政府只掌握在一个人手中，这时，私人意志与团体意志完全结合在一起，因此团体意志取得它可能具有的最高强度。既然力量的使用取决于意志的程度，而政府的绝对力量不会变化，由此可见，最活跃的政府是掌握在一人之手中的政府。

相反，让我们将政府与立法权威结合起来，让我们使主权成为君主，使全体公民中的许多人成为行政官。这时，团体意志的活动不比与之结合的公意的多，并且私人意志仍然保留其全部力量。这样，永远具有相同的绝对力量的政府，会拥有它的相对而言最少的力量或活动。

政治结社的目的是什么？是保存和繁荣它的成员。他们被保存和繁荣的最可靠标志是什么？是他们的数量和他们的人口。因此，不要到别的地方寻找这个备受争议的标志！在所有其他因素都相同的情况下，一个政府不靠外来移民、不靠归化、不靠殖民地，就可以使它统治下的公民安居乐业，人口数量增长最多，那么，该政府无疑是最好的政府。反之，在其统治下，人民数量变少，逐渐缩减，这样的政府是最坏的政府。

爱国主义教育

教育必须赋予灵魂以民族的形式，并且引导他们的爱好和舆论，以至于他们在倾向、激情和必然性上都是爱国的。当孩子睁开双眼时，他应该看到祖国，并且只看到它，直到他死去的那一天。每个真正的共和党人都吮吸对祖国的爱，那就是说，他们吮吸母亲的乳汁的同时，吮吸对法律和自由的爱。这种爱构成了他的整个存在；他只看到他的祖国，他只为它而活；当他孤身一人时，他什么都不是；当他不再有祖国时，他就不再存在，并且如果他还没有死，那么，他此时活得比死亡更糟糕。

国民教育只适用于自由人；只有他们享有共同的存在，并且真正一起被法律约束。

对人类的情感在向全世界扩展时会衰减和变弱。鞑靼或日本遭受的灾难不能像欧洲国家所遭受的灾难那样打动我们。必须用某种方法限定和强化人们的兴趣和怜悯，以便激活它们。现在，既然我们的这种倾向只对与我们必须生活在一起的那些人是有用的，那么，集聚在同胞之间的这种对人类的情感会通过他们的彼此相交以及把他们联合在一起的共同利益而获得新的力量。对祖国的爱确实产生了最伟大的德性奇迹。通过将自负的力量与德性的所有美结合起来，这种甜蜜的、热烈的情感获得了力量。该力量并没有毁坏这种情感，相反使它成为所有激情中最英勇的激情。

……

祖国没有自由就不能继续存在，自由没有德性就不能继续存在，德性没有公民就不能继续存在。如果你培养出了公民，你就拥有了所有这一切。倘若不这样做，你将只拥有邪恶的奴隶……如果尽早训练人们只从他们与国家的关系的角度来思考自己，只把自己视作国家的一个部分，那么，他们最终会在某种程度上认为自己与这个更大的整体是一体的，会感到自己是祖国的一个成员，会用孤立的个人只对自己才感受到的那种细腻的情感来爱祖国，会使他们的灵魂永远导向这个伟大的对象，由此会将我们的所有罪恶之源的这种危险的倾向转换成高尚的德性……当我们的这些自然倾向已经根深蒂固，并且习惯与自负已经结合在一起时，要想改变这些倾向就为时已晚了。一旦聚集在我们心中的这个"我"发起了那种卑劣的活动，吞噬了所有德性，使我们的灵魂活得非常狭隘，再想使我们摆脱这个"我"就为时已晚了。对祖国的爱处在扼制它的诸多其他激情中间，它怎么可能发展起来？公民的内心被贪婪、情妇和虚荣搅得心绪不宁，他还怎么热爱祖国呢？

从生命诞生的那一刻起，我们就必须学习应该如何去生活。并且，既然我们一出生就享受了公民的权利，那么，我们诞生的那一刻应该是我们履行义务的开始。既然成年人有法律，那么，小孩也应该有一些法律教导他们顺服他人……公共教育是人民的或合法的政府的基本准则之一。如果孩子们在平等的氛围中被一起培育起来，如果他们被灌输了国家的法律和公意的准则，如果他们被教导要敬重它们的至高无上，如果他们周围都是这样的例子和对象，它们不断地向他们显示这位亲爱的母亲对他们的养育，对他们的爱，他们从她那里获得的不可估量的恩惠，他们应该用东西来报答她，那么，毫无疑问，他们会由此学会像兄弟一样彼此相爱，除了社会要求做的，不做别的任何事情，像成人和公民那样行动，而不是像智者那样放空话，毫无建树，这样，他们终有一天会成为那个长期将他们作为孩子来培育的祖国的保卫者和奠基人。

教育是国家的最重要的一大事……

……

　　一个细心的、充满善意的政府永不停止地细心维护和唤起人民对祖国和良好风俗的爱，由此防止因为公民对共和国的命运漠不关心而迟早要导致的罪恶，并且把那种私人利益限制在狭小的范围，因为这种私人利益使得个体彼此割裂，由此他们的力量会削弱国家，使国家不能指望从他们那里获得任何好处。无论是哪个国家，只要人民爱它的国家，尊重法律，生活简朴，那个国家的政府不需要做任何事情就可以使人民幸福；在公共行政管理中，只要财富在个人的命运中所起的作用不大，那么，智慧就会如此接近于幸福，以至于这两个东西无法分辨开来。

编译后记

卢梭的著作传入中国已经有一百多年了，他的很多主要著作都有多个版本的译本。其中，不乏非常好的译本，做到了信达雅。不过，依据丛书的要求，编译者必须自己翻译所选的原文。由此，就有了摆在读者面前的这本小译作。笔者虽然过去努力修习过法语，但仍然只算粗通皮毛，加上搁置多年，早已忘得干净，因而只能从英译本转译。在诸多英译本中，笔者挑选了目前最权威且尚未全部出版的《卢梭著作选集》(*The Collected Writings of Rousseau* (13 volumes), Roger Masters and Christopher Kelly (eds.), Dartmouth: University

Press of New England, 1990-2010.），然后按照该书进行编译，摘译了其收录的《论科学和艺术》《忏悔录》《爱弥儿》《论人类不平等的起源和基础》《社会契约论》《一个孤独漫步者的遐思》《山中来信》等著作中的一些精彩论述。至于该选集尚未出版的卢梭的一些著作，笔者转译了"剑桥政治思想史经典文本丛书"（Cambridge Texts in the History of Political Thought）收录的《论文以及其他早期政治著作》(*The Discourses and Other Early Political Writings*, edited and translated by Victor Gourevitch, Cambridge: Cambridge University Press, 1997.）与《〈社会契约论〉以及其他晚期政治著作》(*The Social Contract and Other Later Political Writings*, edited and translated by Victor Gourevitch, Cambridge: Cambridge University Press, 1997.）中的译文。当然，在翻译的过程中，为了确保理解和翻译的准确性，避免因个人的有限能力带来的错误，笔者也参阅了诸多中译本。限于篇幅，恕无法在这里一一列出，在此致以诚挚的谢意。当然，如果读者发现了翻译的错误，责任完全在我。

要指出的是，尽管编译者试图尽可能全面地编译出卢梭有关幸福的论述，并且在摘录和选译相关段落时，尽可能保持上下文的意义脉络和论述的相对完整性，但是因为本丛书规定的每个选本的篇幅限制,所以,卢梭对诸如普罗大众都比较关注的爱情和婚姻与幸福的关系之类的精彩论述只能忍痛割爱了,希望以后有机会能够补全,编译出一个更整全的文选,以飨读者。此外,对卢梭的幸福学说的编译虽然不像研究专著那样能够详细地展现研究者自己的观点和论证,但是编译内容的选取、剪裁和编排不可避免地夹杂着编译者自己的理解和诠释。而笔者在解读这位思想家的文笔优美、思想深邃,具有丰富的语义解释空间的文本上可能并不准确、恰当,理解上有偏差,在选取内容上也可能挂一漏万。在此,编译者恳请方家学友不吝赐教,有以教我(邮箱:yuntao918@126.com)。

今年距卢梭的"一论"(《论科学和艺术》)获奖已过去二百七十一年,谨以这本小册子献给这位自由之子,向他致敬。同时,也希望本书对寻求自由和幸福的读者有所裨益。

张云涛
2021年5月